La Délivrance de Dijon
en 1513

LES
CONFÉRENCES HISTORIQUES
DU
IVe CENTENAIRE
au Palais des Etats de Bourgogne
en 1913

avec une grande héliogravure de Notre-Dame de Bon-Espoir

DIJON

A LA SACRISTIE DE NOTRE-DAME
ET CHEZ LES LIBRAIRES

1913

La Délivrance de Dijon
en 1513

LES
CONFÉRENCES HISTORIQUES
DU
IVᵉ CENTENAIRE

au Palais des Etats de Bourgogne

en 1913

Nihil obstat.

Divione. 15 dec. 1913.

Geoffroy, *v. g.*

IMPRIMATUR

Divione, 20 dec. 1913.

✝ Jacobus-Ludovicus,
Episc. Divionen.

La Délivrance de Dijon
en 1513

LES
CONFÉRENCES HISTORIQUES
DU
IVᵉ CENTENAIRE

au Palais des Etats de Bourgogne

en 1913

avec une grande héliogravure de Notre-Dame de Bon-Espoir

DIJON

A LA SACRISTIE DE NOTRE-DAME
ET CHEZ LES LIBRAIRES

—

1913

Louis de La Trémoïlle

le défenseur de Dijon en 1513

PREMIÈRE CONFÉRENCE

PRÉSIDÉE PAR

M. COLLOT

Professeur à l'Université et Président de l'Académie de Dijon

ET PRONONCÉE PAR

M. ROY

Professeur à l'Université, Membre de l'Académie de Dijon.

le 20 Octobre 1913

M. le Président inaugure les conférences en ces termes :

En 1513, les Allemands, revendiquant la Bourgogne comme héritage de Marie, fille de Charles le Téméraire, qui avait épousé un prince allemand, étaient venus mettre le siège devant Dijon, en compagnie des Suisses leurs alliés.

Notre musée des beaux-arts conserve une magnifique tapisserie qui perpétue un épisode du siège, la procession de la Vierge de Notre-Dame. Le lendemain de ce fait, les alliés entraient en négociations avec les Dijonnais et la ville se trouva bientôt délivrée. Ce fut un événement de haute importance pour notre ville, qui était menacée de changer de nationalité, et pour la France, qui était exposée à perdre une de ses provinces.

M. le chanoine Thomas a consacré un de ses savants ouvrages à cette histoire de 1513. Il était tout désigné pour prendre en mains la célébration du 4e centenaire. Il a employé sa grande activité pour qu'elle ait lieu aussi brillamment que possible.

Une des formes sous lesquelles se produit cette commémoration est la série de conférences qui vont être données, cette semaine, dans cette belle salle des Etats de Bourgogne, mise libéralement à notre disposition par la municipalité.

Dans ces conférences seront exposées les phases de l'histoire de 1513 et vous seront présentés les personnages qui y ont joué un rôle. Aujourd'hui, la première sera consacrée au sire Louis de La Trémoïlle, le vaillant et habile capitaine qui fut l'âme de la défense de Dijon.

Je donne la parole à mon éminent collègue M. Roy, si versé dans la lecture de nos anciens auteurs français, et dont le brillant enseignement à la Faculté des Lettres a solidement établi la réputation dans le public lettré de Dijon.

Conférence de M. Roy

Mesdames, Messieurs,

Nous célébrons, cette semaine, le quatre centième anniversaire de la délivrance de Dijon, assiégé par les Suisses en 1513. Notre première pensée sera sans doute, comme on vous l'a dit, de remercier la municipalité de Dijon qui, pour cette fête dijonnaise, a bien voulu mettre à notre disposition cette magnifique salle des Etats de Bourgogne, de remercier aussi les esprits avisés, les bonnes volontés ingénieuses qui ont su avec douceur aplanir les difficultés, désarmer les défiances et grouper ici les jeunes et les anciens pour vous rappeler, en dehors de toute division politique, dans le calme de l'histoire, les souvenirs d'un passé qui nous est commun.

Et certes, dans la vieille histoire de France, il y a des noms plus éclatants que celui de La Trémoïlle, le gouverneur militaire de Dijon ; dans l'histoire même de la ville, il y a des anniversaires plus glorieux ou plus sanglants, ne serait-ce que le 30 octobre ; il n'y en a pas de plus importants pour la ville, pour la province et même pour le pays tout entier. Et c'est justement ce qui sera rappelé devant vous. On vous dira, en effet, quelles conséquences aurait eues la prise de Dijon en 1513, c'est-à-dire, en deux mots, pour la ville la dévastation, pour le pays le démembrement. On vous montrera le Dijon d'autrefois avec ses toits vernissés, sa forêt d'aiguilles, de clochers et de tours, tel que l'ont vu les Suisses avides de pillage, tel que vous pouvez le voir encore en montant au Creux d'Enfer. Un maître du barreau dijonnais vous dira les causes de ce siège de Dijon, il refera devant vous la carte de la vieille Europe, et ce réseau compliqué d'alliances et de coalitions toutes dirigées contre nous, et qui toutes se rattachent plus ou moins à la succession de Bourgogne. Au dix-huitième siècle, après la victoire de Fontenoy, Louis XV, visitant à Bruges le tombeau de Charles le Téméraire et de sa fille, Marie de Bourgogne, disait : « Voilà l'origine de toutes nos guerres ». Il pourrait le dire encore. Le Siège de Dijon lui-même, le détail des opérations militaires ne sera pas oublié, et un juriste enfin établira devant vous, avec sa compétence spéciale, le traité de Dijon au point de vue international. Ainsi, le fait une fois expliqué dans ses origines et ses conséquences, le programme serait épuisé, et, pour reproduire les expressions du plus grand des Dijonnais, « rien ne manquerait plus à tous ces honneurs que celui à qui on les rend », le gouverneur militaire de Dijon, Louis de La Trémoïlle, s'il ne convenait tout d'abord de vous retracer brièvement sa biographie.

Pour simplifier ma tâche, j'aurais bonne envie de piller en conscience, ou plutôt sans conscience, à la guerre comme à la guerre, ceux de vos concitoyens, laïques ou clercs et même grands clercs, qui, sur la délivrance de Dijon en 1513, ont depuis longtemps et très bien dit l'essentiel. Mais le plagiat serait tout de même un peu trop éhonté en leur présence, et je préfère m'adresser à un de mes collègues, à un professeur d'histoire, qui, lui du moins, ne protestera pas, il est mort il y a quatre cents ans, ce qui lui a permis de bien connaître La Trémoïlle, de vivre dans son intimité et d'être le précepteur de son fils. A part les grands discours ou les pièces d'éloquence à la manière de Tite-Live et de Tacite que ce brave Jehan Bouchet mettait partout, son histoire de La Trémoïlle est très intéressante. A cette histoire nous n'aurons qu'à ajouter quelques pages de Commynes et de Brantôme, et quelques-uns, un très petit nombre, de ces papiers de famille qu'un descendant de La Trémoïlle, le duc de La Trémoïlle, mort récemment, a tirés des archives de sa maison ou du Chartrier de Thouars[1], et nous en aurons plus qu'il n'en faut pour retracer, dans ses grandes lignes et même dans ses petites, la biographie de l'ancien gouverneur de Dijon.

J'essaierai donc de vous dire quelles furent les relations de cette famille de La Trémoïlle avec la Bourgogne, avant qu'en 1506 notre personnage, Louis II, vint prendre possession de son gouvernement ; je vous dirai sa jeunesse et comment les qualités qu'il montra pendant ce siège de Dijon, le courage, la maîtrise de soi, la parole habile, insinuante, la piété même qui ne fut pas « le tout de l'homme », mais un de ses traits caractéristiques, n'ont pas été improvisés pour la circonstance, n'ont pas éclaté en un jour, mais ont apparu, sinon dès l'enfance, n'exagérons rien, du moins dès la jeunesse, de même qu'elles l'ont suivi dans toute sa carrière.

Courtois, loyal, humain, dans un temps très dur et souvent atroce, Louis de La Trémoïlle est bien un des derniers chevaliers, et c'est avec raison que l'histoire l'a associé à son contemporain Bayard, et lui a donné presque le même titre. Bayard est « le chevalier sans peur et sans reproche[2] » ; Louis de La Trémoïlle simplement « le chevalier sans reproche ». Pourquoi cette distinction ? Il a donc eu peur ? C'est peut-être la seule petite chose que

---

1. *Les La Trémoïlle pendant cinq siècles* et *Archives d'un serviteur de Louis XI*.
2. Brantôme, édit. Lalanne, t. II, p. 393, donne *le même titre* aux deux personnages ; Jehan Bouchet, dans son *Panegyric*, appelle son héros Louis II de La Trémoïlle simplement « le chevalier sans reproche ».

j'aurai chance d'apprendre au moins à quelques-uns d'entre vous, et encore l'explication n'est-elle pas assurée.

La famille de La Trémoïlle, une des plus anciennes de France, tire son nom d'une petite ville du Poitou. Dès le règne de Louis VIII « florissoit et avoit bruyt et renom en Bourgoigne ung preu et hardy chevalier, nommé messire Ymbault de La Trémoïlle qui fut marié avec une des filles de l'illustre maison de Castres », guerroya contre les Anglais et suivit plus tard saint Louis à la croisade. Un siècle après, nous trouvons un Guy de La Trémoïlle, compagnon et chambellan du duc de Bourgogne, Philippe le Hardi, qui estime si haut sa vaillance et son dévouement que, dans son testament il ordonne que, son chambellan sera enterré à ses pieds dans la Chartreuse de Champmol près Dijon. Ce n'est pas là qu'il devait reposer. Il accompagna Jean sans Peur dans la croisade de Nicopolis et fut un des rares survivants du désastre, mais pour mourir au retour et être inhumé à Rhodes, dans la célèbre église Saint-Jean des chevaliers.

Le fils de ce vaillant, Georges de La Trémoïlle, le grand-père de notre héros, servit d'abord, lui aussi, Jean sans Peur et resta toujours attaché aux ducs de Bourgogne, mais fit sa fortune à la cour de France. Ce fut un des plus tristes favoris du pauvre roi de Bourges, un favori avide, cruel, doué de tous les vices, ne reculant devant rien pour conserver le pouvoir acquis par le crime, et son histoire, très peu édifiante, est caractéristique du temps de Jeanne d'Arc, dont il ne cessa de contrecarrer les desseins.

Voici les faits : le favori en titre de Charles VII était un Gascon, un certain Giac, qui avait empoisonné sa femme pour en épouser une autre, Catherine de l'Isle-Bouchard. La Trémoïlle, à son tour, convoitait la place et la femme, et voici comment il se les procura, en s'associant au connétable de Richemont. A la suite de discussions violentes avec Giac, il avait quitté la cour, il faisait le mort et on ne pensait plus à lui. Or, une nuit, 8 février 1427, que le roi et ses quelques courtisans dormaient paisiblement à Issoudun, le château est brusquement envahi par une troupe d'hommes d'armes. Au roi qui s'informe du bruit, Richemont fait répondre qu'il ne s'occupe de rien, qu'on agit pour son bien. Cependant, Georges de La Trémoïlle frappait à coups redoublés à la porte de la chambre où Giac reposait aux côtés de sa nouvelle épouse : « Levez-vous, sire de Giac, vous dormez trop à l'aise ». Il ne dormit pas longtemps. L'huis est enfoncé. Giac est arraché du lit en chemise, lié sur un cheval, emmené d'une traite à quelques lieues de là, à Dun-le-Roi, jugé pour la forme, condamné, et le lendemain noyé dans l'Indre. Cependant, Georges de La Trémoïlle se promenait à cheval sur la rive et surveillait avec intérêt ses ébats. Ces faits sont tirés d'un procès-verbal authentique, d'une lettre de grâce du roi Charles VII[1]. Après quoi, au bout de quelques mois, Georges de La Trémoïlle épousa en justes noces Catherine de l'Isle-Bouchard, devint à son tour le conseiller ou le favori en titre de Charles VII, tua, confisqua et pilla tant qu'il put les maigres finances du roi, jusqu'au jour ou plutôt jusqu'à la nuit où le connétable de Richemont recommença la scène de tout à l'heure. C'est-à-dire qu'il fit envahir nuitamment la chambre de La Trémoïlle (fin de juin 1433) et, dans la bagarre, celui-ci fut percé d'un poignard qui l'aurait tué, s'il ne s'était perdu dans la graisse. Georges de La Trémoïlle était énorme. Blessé, emprisonné, ruiné, chassé, il vécut encore quelques années, ne cessant de conspirer contre Charles VII, et mourut obscurément.

Tels sont le grand-père et la grand'mère de Louis de La Trémoïlle, tels sont les représentants très peu glorieux d'une vieille race. Mais parfois, dans la forêt, on voit un

1. *Les La Trémoïlle pendant cinq siècles.*

vieux tronc frappé par la cognée ; le tronc pourri disparaît et, quelques années plus tard, de nouveaux rejetons montent en pleine lumière. Ainsi pour les La Trémoïlle. Georges de La Trémoïlle et Catherine eurent deux fils dont la fortune fut bien différente. Le cadet, Georges de La Trémoïlle, est un soldat très brave et très habile qui sert brillamment Louis XI dans les guerres et les ambassades, et qui se trouve de nouveau en relations avec la Bourgogne, en relations même très intimes. C'est lui qui apprit le premier à Louis XI la mort de Charles le Téméraire, si grosse de conséquences ; c'est lui qui, aussitôt chargé de remettre la Bourgogne sous l'autorité royale, y pénétra le premier à la tête d'une armée, reçut les serments des habitants et soumit la province sans difficulté, mais aussi la pilla ou l'écorcha de trop près. Un an plus tard, la province exaspérée se révoltait. « Brave soldat, nous dit un contemporain, mais.... un peu trop prenant à son plaisir. » Qui parle ainsi ? Le grave historien Philippe de Commynes, ce même Commynes qui devait être disgrâcié pour avoir trafiqué avec les bourgeois de Dijon et leur avoir vendu trop de dispenses de billets de logements. Il n'est pas de petits profits, et Commynes n'était pas homme à les dédaigner, bien que, nous allons le voir, il préférât les gros.

Que faisait cependant le frère de Georges de La Trémoïlle, l'aîné de la famille, Louis I, le père de notre gouverneur auquel nous arrivons ? Ce qu'il faisait ? il ne faisait rien, il boudait et non sans causes. Il avait épousé une riche héritière, Marguerite d'Amboise, alliée au duc de Bretagne, qui lui avait apporté en terres, dans l'Ouest et le Centre de la France, la valeur d'un ou de deux départements français, il était entré en possession de ce beau domaine, mais non pas pour longtemps, et voici comment il en fut dépouillé. Quand Philippe de Commynes quitta son premier maître, Charles le Téméraire, pour s'attacher à Louis XI, toutes ses pensions et ses terres de Flandre furent aussitôt confisquées, mais le roi le récompensa ou le dédommagea royalement. Seulement avec quoi ? Avec l'héritage de Louis de La Trémoïlle qu'il s'était approprié, c'était si simple ! La Trémoïlle, lui, ne trouvait pas, et c'est pourquoi il ne voulait pas servir le roi comme son frère Georges ; il restait dans les terres qu'on lui avait laissées avec sa femme et ses enfants, et il boudait. Seulement le roi était le roi et il arrive quelquefois que les enfants ne partagent pas les sentiments politiques de leurs parents, ils sont volontiers dans l'opposition ; et ce fut le cas du petit Louis de La Trémoïlle, notre personnage, alors âgé de quatorze ans. Un jour, nous dit son biographe, Jehan Bouchet, qu'un de ses petits camarades avait insulté devant lui le roi de France, il lui donna une telle « buffe » ou giffle que le bruit en vint jusqu'aux oreilles de Louis XI, lequel fit demander aux parents de lui envoyer ce jeune coq pour l'engager à son service et, après une longue résistance, les parents n'osèrent refuser. Voilà donc Louis de La Trémoïlle à la cour du roi et le suivant dans ses pérégrinations. Triste cour d'un roi qui n'a rien d'un chevalier, et n'aime pas les chevaliers, mais n'en apprécie pas moins le courage, la force, l'adresse et les qualités militaires, et sait comment on les acquiert, par une discipline très rude.

Bien que la poudre, les canons et les arquebuses aient parlé depuis longtemps, et que l'infanterie ait fait ses preuves, c'est toujours la cavalerie qui est l'arme d'élite pour la noblesse, et le cavalier ne s'improvise pas. Il s'improvise d'autant moins que ce cavalier doit, au besoin, combattre à pied, manier non seulement la lance, mais la hache d'armes, mais l'épée, toutes sortes d'épées. Dans les diplômes des maîtres d'armes de ce temps, on en voit qui possèdent le maniement de onze armes différentes, lesquelles donnent au jeune homme des aptitudes diverses et développent sa vigueur en même temps que son adresse, lui donnent, comme dit une vieille chronique,

« course de levrier, assaut de sanglier, défense de loup ». C'est à cette rude discipline que se soumit d'abord le jeune La Trémoïlle, et nous croyons sans peine que bientôt il y excella. Son naïf biographe ne nous laisse pas ignorer que, comme il avait une peur affreuse de grossir, (il craignait l'exemple du grand-père), il portait entre temps un corset très étroit, et même, ce qui est peut-être plus utile et plus facile, il se levait toujours de table sur sa faim. Ce maigre et élégant jeune homme, ce svelte escrimeur ne négligeait pourtant pas d'autres exercices, et c'est bien avec sa langue, non pas avec l'épée, qu'il obtint ses premiers succès. Comment n'aurait-il pas essayé de séduire, de toucher le roi qui s'intéressait à lui et de plaider, à l'occasion, la cause de ses parents injustement dépouillés? Car l'injustice du roi, le vol était criant, et le roi le savait bien ; il ne s'était approprié cet héritage donné à Commynes que par les manœuvres les plus louches, en imaginant des ventes fictives et en supprimant des dispenses, des chartes et des titres réguliers de son père Charles VII[1]. Ces titres mêmes, comme le démontra plus tard un procès scandaleux, c'est Philippe de Commynes qui avait été chargé de les tirer du chartrier de La Trémoïlle et de les rapporter au roi, lequel les avait jetés dans sa cheminée, en disant plus ou moins naïvement : « Ce n'est pas moi qui les brûle, c'est le feu[2] ». Mais en fait de feu, Louis XI craignait au moins l'enfer. Si bien qu'il eut le temps de se raviser et que la bonne grâce, les prières du jeune homme aidant, les sermons aussi du vieil archevêque de Tours, l'oncle de Brantôme[3], le roi vint à résipiscence et qu'un de ses derniers actes fut de recommander à sa fille, Anne de Beaujeu, de rendre aux

---

1. Voir la préface de l'édition de Commynes par Mlle Dupont. (Société de l'histoire de France).
2. Déposition de Jacques de Beaumont dans le procès de Commynes et de La Trémoïlle.
3. Brantôme, éd. Lalanne, II, 401, et J. Bouchet, *Panégyric*, ch. XI.

La Trémoïlle leurs biens. La première victoire de Louis de La Trémoïlle fut donc bien une victoire de la langue, une victoire d'avocat, et la partie n'était pas commode.

Que devenait cependant la chevalerie que je vous avais annoncée, cette chevalerie qu'on croyait morte au moins depuis Froissart, ou même avant lui, disparue, évanouie avec les croisades, d'autant plus belle qu'elle n'avait peut-être jamais existé? C'est une erreur, et les ducs de Bourgogne, de même et parce qu'ils voulaient ressusciter la croisade, avaient conservé à leur cour la chevalerie, ses modes, ses tournois, ses rites et ses livres. Ce qui à la cour de Bourgogne nous semble, à première vue, archaïsme ou mascarade, n'est en réalité que le décor un peu théâtral d'un dessein sérieux et d'une politique tenace. En tout cas, cette chevalerie se conservait dans les romans et ces romans la jeunesse en raffolait, le fils de Louis XI, le futur Charles VIII, en faisait sa lecture assidue et La Trémoïlle faisait comme lui. Il ne lui restait plus qu'à mettre en pratique les leçons des livres et à choisir, comme don Quichotte, une dame de ses pensées ; et tout d'abord pour ses débuts, il en prit bien une qui avait toutes les qualités, mais qui par malheur était la femme d'un autre. Le biographe de La Trémoïlle nous a raconté par le menu ces premières amours et, à part quelques développements mythologiques qui sont la mode du temps, il l'a fait avec un charme que je regrette de ne pouvoir reproduire, en le citant plus souvent. Le vieux pédant de Bouchet a manqué là une belle occasion d'écrire, cent cinquante ans d'avance, le petit chef-d'œuvre classique du XVIIe siècle, la *Princesse de Clèves*.

Donc Louis de La Trémoïlle a dix-neuf ans, il est mignon, frisé, crespelé, corseté, « beau comme un demi dieu », c'est Bouchet qui le dit; il a pour ami un jeune gentilhomme un peu plus âgé que lui, nouvellement marié, qu'il fréquente assidûment, et la jeune femme de cet ami est la plus belle du monde. Qu'arrive-t-il ? C'est que

Vénus s'en mêle et que Cupidon perce La Trémoïlle et la jeune femme de la même sagette. Ils s'aiment, tout en jurant bien de rester honnêtes, et en attendant ils s'écrivent, ils échangent des lettres enflammées. Cependant cette contrainte les désespère, les fait mourir à petit feu. Bientôt, la jeune femme malade était obligée de s'aliter ; et La Trémoïlle, La Trémoïlle lui-même ne valait guère mieux, il pâlissait, ce qui était grave, il maigrissait, symptôme caractéristique. Le mari, en toute innocence, dit un jour à sa femme : « Il faut que La Trémoïlle soit amoureux » ; et il ajoute qu'il n'est point de dame qui ne soit honorée de son service. — « Et si c'était de moi qu'il fût amoureux, réplique la jeune femme, et si je commençais moi-même à l'aimer ? » — « Ma mie, j'y trouverai allégeance et j'imaginerai un moyen pour votre sauvement et pour le sien ». Le moyen qu'imagina le mari fut quelque peu hardi. « Je vais, dit-il à sa femme, écrire une lettre dans laquelle je vous abandonnerai à sa merci. Cette lettre, vous la lui remettrez vous-même et je quitterai demain la maison ». — Et il fit comme il l'avait dit, il partit, et la jeune dame, munie de sa lettre, s'en alla bien embarrassée trouver La Trémoïlle. A peine l'autre a-t-il lu cette lettre où son ami confiait à son honneur ce qu'il avait de plus cher au monde, qu'il comprend l'odieux de sa conduite, il se précipite à la poursuite de son ami, il lui demande pardon... L'autre doucement de lui dire qu'il savait bien qu'il n'avait rien à craindre, et, pour le lui prouver, il le ramène auprès de sa jeune femme, il les oblige à souper encore ensemble, tous les trois, on devine de quel appétit ; puis il reconduit La Trémoïlle à sa chambre d'ami. La Trémoïlle fut quelque temps à s'endormir, car l'image de la jeune dame, nous dit Jehan Bouchet, ne l'avait pas encore quitté, mais enfin il s'endormit, et la nuit, dit-on, porte conseil. Le lendemain à son réveil, il eut peur, il prit brusquement congé de ses hôtes, et il se sauva, comme un brave, devant une femme. Du reste pas très loin. A quelque temps de là, en 1484, il épousa lui-même une jeune fille de haute naissance, Gabrielle de Bourbon, belle, pieuse, elle a même laissé, nous les avons, de petits traités de piété, qui ont tout intérêt à rester inédits[1], une jeune femme, dis-je, qui lui donna des enfants, avec qui il partagea les bons et les mauvais jours et traversa heureusement, glorieusement même, la vie. Voilà le petit roman de Louis II de La Trémoïlle, il est temps, grand temps, de vous raconter son histoire et ses faits de guerre.

Les années ont marché, Louis XI est mort en 1483 et le trône de France est occupé par un enfant débile, le petit Charles VIII, sous la régence de sa sœur, Anne de Beaujeu, « la moins folle femme de France », disait Louis XI, qui les jugeait toutes un peu folles. Mais la féodalité si longtemps dominée par une main de fer s'est redressée ; les princes du sang s'agitent, veulent arracher cette régence, et Louis d'Orléans, le futur Louis XII, est allé rejoindre l'armée du duc de Bretagne, François II. L'armée royale est confiée à un général de vingt-sept ans, à Louis de La Trémoïlle. Vous savez avec quelle vigueur il agit et comment avec le concours de Jean de Baudricourt, gouverneur de Dijon, il cerna et écrasa d'un coup la révolte à la bataille de Saint-Aubin-du-Cormier (27 juillet 1488). Je vous avais promis un La Trémoïlle humain, généreux, et voici que dès les premiers pas nous trouvons une histoire tout autre, une histoire tenace qui figure je ne sais dans combien d'ouvrages sérieux, sans compter ce fameux Dictionnaire où l'on trouve tout, même des erreurs. Donc, le soir du combat, La Trémoïlle aurait invité ses prisonniers à un grand souper, puis au dessert, au quart d'heure de Rabelais, il se serait tourné gracieusement vers ses convives en disant : « Pour vous Messeigneurs (le duc d'Orléans et le duc de Bretagne), vous êtes au-dessus de moi,

---

1. Bibliothèque Mazarine, ms., n° 978.

c'est le roi qui décidera de votre sort; pour vous autres (c'est-à-dire le menu fretin des nobles), « votre compte est bon, le bourreau vous attend ». Cette cruauté froide, cette exécution en masse après un bon souper n'a été racontée que par un seul historien, Barthélémy de Loches, soixante ou soixante dix ans plus tard, mais, elle a fait fortune jusqu'au jour assez récent (1877) où un érudit breton, Arthur de la Borderie, a publié la correspondance officielle de La Trémoïlle et du roi qui est tout autre : le roi Charles VIII (ou la régente Anne de Beaujeu) reproche à La Trémoïlle d'être trop indulgent et de dérober trop de coupables aux tribunaux de la prévôté ou à la justice militaire[1]. Nous n'en avons pas fini avec la Bretagne. Le duc François II meurt à la fin du mois d'août 1488 ; aussitôt sa fille et unique héritière, Anne de Bretagne, est convoitée par toutes sortes de prétendants français et étrangers ; la jeune duchesse elle-même est si hésitante qu'on ne sait à qui va échoir cette province si importante pour le royaume. Tantôt la duchesse préfère un Breton, tantôt un Français, le duc d'Orléans, tantôt elle penche pour un étranger, ennemi de la France, Maximilien d'Autriche, veuf de la fille du Téméraire, et elle finit même par épouser ce Maximilien par procuration. La Bretagne est perdue. Mais Anne de Beaujeu veille avec Dunois ; Charles VIII reparaît avec La Trémoïlle dans son armée ; il bat les Bretons, met le siège devant Rennes, et moitié par force, moitié par persuasion, la duchesse se décide à rompre avec Maximilien, qu'elle n'avait jamais vu, pour épouser le roi de France, Charles VIII (1491). Ce qui permit plus tard à cette duchesse Anne d'épouser son prétendant préféré, le duc d'Orléans devenu Louis XII. Il est vrai qu'alors elle n'en voulait plus, et qu'elle en voulut toujours à La Trémoïlle de s'être mêlé de ses affaires :

---

1. Voir le *Cabinet historique*, 1877, la Légende du souper de La Trémoïlle, etc.

on rencontre parfois dans la vie des caractères un peu compliqués Mais n'anticipons pas et passons aux grandes guerres qui ont fait la réputation de La Trémoïlle, aux guerres d'Italie.

Charles VIII a franchi les Alpes et a marché en triomphe jusqu'à Naples, d'où il va partir pour Constantinople et la conquête du monde. A ce moment, il apprend que l'Italie s'est soulevée sur ses derrières. Le conquérant du monde est pris dans une souricière. Il rebrousse chemin et il arrive à marches forcées, entre Pise et la mer, devant la muraille de l'Apennin. A force d'encouragements, en leur donnant l'exemple, La Trémoïlle décide les mercenaires Suisses à hisser à bras d'hommes l'artillerie jusqu'au haut de la montagne, puis il revient se mettre à la tête des troupes et il fait à Charles VIII une trouée sanglante ; c'est la victoire de Fornoue (5 juillet 1495). Même succès, même fortune pendant les campagnes de Louis XII, qui recommence l'aventure italienne. Nous retrouvons La Trémoïlle à Novare (juin 1500) où il s'empare du duc de Milan, le fameux Ludovic Le More, et où il a, pour la seconde fois, l'occasion d'exercer son éloquence sur les Suisses qui se battaient bien, qui frappaient comme des sourds, mais se trompaient parfois d'adresse. Le soir de la bataille de Novare, ces braves Suisses, dont la solde était en retard, envahissent la salle où la tente du Conseil, ils se jettent sur leur commandant, le bailli de Dijon, le rouent de coups et lui arrachent les cheveux, si bien que, La Trémoïlle nous le dit, « à peine lui demeura poil en la tête ». C'est La Trémoïlle qui le tire de leurs mains, qui les calme avec de belles paroles, et les renvoie dans leur pays, non seulement avec leur solde, mais avec un mois de solde supplémentaire, en l'honneur de la prise de Ludovic.

C'est après tous ses succès militaires, après sa réputation de brillant soldat et de beau parleur, que La Trémoïlle fut nommé gouverneur militaire de Dijon en 1506 ;

et il n'eut pas de peine à faire oublier les précédents plutôt fâcheux de l'oncle Georges. Le gouvernement de Dijon, ville frontière, est alors de première importance ; car, en dépit de tous les traités, Maximilien d'Autriche ne cesse de revendiquer la Bourgogne, « tronc et origine de ses armes ». Mais la ville et la province sont entre de bonnes mains. A ce moment, La Trémoïlle est vraiment un homme heureux. Il est non seulement gouverneur de Dijon, mais lieutenant-général de la gendarmerie, membre du conseil du roi, amiral de Guyenne et de Bretagne. Il jouit non seulement de sa gloire, mais d'une immense fortune, arrachée à Commynes après un long procès, et il en dépense libéralement les revenus, équipant à ses frais une galère qui s'appelle « la Gabrielle », du nom de sa femme, large en aumônes comme dans les dépenses de tournois et de banquets. S'il a, comme tous ses contemporains, la mauvaise habitude de jurer, et si, au dire de Brantôme, on le désigne familièrement par son juron favori, « la vraye corps Dieu », ce qui, même au seizième siècle, est au moins un solécisme, sa piété n'en est pas moins sincère, telle qu'elle se montre, non sans doute dans sa correspondance officielle où elle n'aurait eu que faire, mais dans ses lettres de famille, ses pèlerinages et ses fondations. Son biographe a soin de noter (chap. 32, fin) que la seule dépense qu'il fit en bâtiments fut une belle église de Notre-Dame à Thouars, berceau et tombeau de sa famille. Des enfants que sa femme lui a donnés, un seul survit, François, mais c'est déjà un grand jeune homme, brave, élégant comme son père ; Jehan Bouchet dirige ses études et lui apprend à faire des vers. Ai-je dit que le père lui-même était un lettré, qu'il n'aimait pas seulement les romans de chevalerie, mais les classiques, et qu'il faisait relier son Lucain avant de franchir le Rubicon, et d'aller gagner une nouvelle et sanglante victoire à Agnadel (15 mai 1509) ? La guerre du reste, ne s'arrêtait plus qu'à de courts intervalles, et la coalition contre la France excitée par Maximilien et sa fille, l'habile Marguerite d'Autriche, devenait d'année en année plus menaçante : maille à maille la trame, si habilement tissée par la grande fileuse, comme dit Michelet, se resserrait. En 1513, toute l'Europe est contre nous, sauf l'Ecosse et le grand Turc. En vain Louis XII essaie de conjurer le danger en envoyant ses plus habiles diplomates, Claude de Seyssel, Humbert de Villeneuve et La Trémoïlle négocier avec les Suisses. Après de longues conférences à Lucerne, en février 1513, les Suisses restent intraitables ou plutôt franchement hostiles. La Trémoïlle, qui vient d'échouer, malgré son habileté coutumière, a juste le temps, la guerre déclarée, de descendre en Italie pour se faire battre à la Riotta, à quelques kilomètres de Novare, ou de son ancienne victoire, et de retourner précipitamment mettre la Normandie en état de défense. C'est qu'en effet Henri VIII, le roi d'Angleterre, a fini par s'allier à Maximilien, et la bataille de Guinegate ou la journée des Eperons (16 août 1513), ainsi nommée parce que la cavalerie française s'enfuit, saisie d'une panique inexplicable, a livré la route de Paris. En même temps, les Suisses, depuis si longtemps menaçants se décident, et, ramassant en chemin les troupes comtoises et la cavalerie allemande du duc de Wurtemberg, ils viennent, au début de septembre, mettre le siège devant Dijon. De la Normandie La Trémoïlle avait été rappelé en toute hâte pour défendre la place provisoirement confiée à la garde de son fils, mais, pour la défendre avec ses vieux remparts hors d'usage contre quarante mille ennemis environ, au bas mot, il n'avait que quatre ou cinq mille hommes et la milice bourgeoise. Aucun espoir de secours, rien à attendre du dehors. Qu'allait-il donc faire et, dans une situation « désespérée », quelle résolution pouvait-on bien attendre d'un soldat réputé pour son énergie ?

Sur la place d'une vieille ville de guerre, de Metz, se dressait déjà, en 1870, et se dresse encore aujourd'hui la statue d'un ancien gouverneur, avec au-dessous, gravée sur le socle, cette déclaration authentique que le Français qui passe ne peut lire sans d'amers regrets : « Si, pour empêcher qu'une place que le roi m'a confiée ne tombe au pouvoir de l'ennemi, il me fallait mettre sur la brèche ma personne, mon bien et toute ma famille, je le ferais sans hésiter. » Avant d'être prononcée par un maréchal de France, Fabert, cette déclaration a dû venir à l'esprit de plus d'un vaillant, et La Trémoïlle a certes pu en avoir l'idée. En tout cas, les Dijonnais la lui ont prêtée, et quand dans les délibérations de leur conseil municipal[1] ils félicitaient La Trémoïlle de son inspiration, de « son inspiration divine » dit même le texte, qu'était-ce à dire sinon qu'ils pouvaient craindre et qu'ils ont craint, en effet, que leur gouverneur ne les regardât un peu trop comme faisant partie de sa famille, c'est-à-dire en bon français, qu'il ne les fît sauter et que, plutôt que de se rendre, il ne s'ensevelît avec eux dans la gloire ? A cette gloire si flatteuse pour lui, mais dangereuse pour les autres, La Trémoïlle, en effet, contre toute prévision, préféra un autre parti, il préféra négocier, verser, au lieu de sang, de l'argent, beaucoup d'argent, et contre toute prévision encore, contre la sienne même, il eut la joie de réussir.

Vous dirai-je, en effet — d'autres l'ont dit ou le diront mieux que moi, le siège de Dijon, les batteries des Suisses installés à l'est et à l'ouest, au creux d'Enfer et aux Perrières, les brèches ouvertes et l'assaut imminent, la foule assiégeant les églises, la statue de la Vierge de Notre-Dame, « la consolatrice des affligés », portée en procession en plein bombardement, puis après deux longues journées d'attente et d'angoisses, les négociations deux fois rompues avec l'ennemi enfin couronnées de succès, le lundi soir 12 septembre, La Trémoïlle revenant

---

1. Ces délibérations sont reproduites pour la plus grande partie dans l'ouvrage de M. l'abbé Thomas, curé-doyen de l'église Notre-Dame de Dijon : *La délivrance de la ville de Dijon en 1513*, Dijon, 1898.

du camp ennemi avec des conditions de paix très dures, mais enfin acceptables, et allant, comme le montre la tapisserie contemporaine bien connue, tandis que les Suisses s'éloignent avec leur rançon et leurs otages (13 septembre 1513), allant remercier la Vierge de Notre-Dame d'un succès, qu'il n'osait, en conscience, s'attribuer à lui-même, ni à sa langue si dorée qu'elle fût, ni à ses arguments sonnants et trébuchants, car enfin, ces Suisses qu'il n'avait pu convaincre à Lucerne, pourquoi donc et comment les avait-il persuadés à Dijon?

Quelle que soit l'appréciation des faits, la foi et la bonne foi de La Trémoïlle et de ses compagnons ne peuvent, semble-t-il, faire de doute pour personne. Mais que les faits aient été immédiatement réduits à des proportions plus modestes, c'est le contraire qui eût été étonnant. Maintenant que l'ours de Berne était parti, il était si naturel de penser qu'il était facile de lui desserrer les griffes, qu'il suffisait d'y mettre le prix, et que le prix était vraiment exagéré! Quand Lancelot du Lac, encore un nom de chevalier, et de chevalier de la Table Ronde, quand Lancelot du Lac vint apporter le traité de Dijon à Louis XII, le roi ne le trouva pas miraculeux, non, il s'en faut, mais « merveilleusement étrange ». — « Par ma foi, ainsi est-il » répliqua La Trémoïlle, mais il n'y en avait pas d'autre à faire, et vous êtes libre de me désavouer. Le roi ne désavoua rien; la colère de Maximilien et de ses alliés lui montrait qu'il ne faisait pas une si mauvaise affaire; mais il biaisa, il chicana sur les paiements, et il tarda si bien à s'exécuter que les Suisses, qui n'étaient toujours pas payés, finirent par se fâcher tout de bon, et qu'ils vinrent réclamer leur créance au successeur de Louis XII, à François Ier, à Marignan (14 septembre 1515). Là encore nous retrouvons La Trémoïlle au premier rang, à côté de son roi, mais la victoire lui coûta cher : son fils unique, Charles, qui donnait de si belles espérances, reste sur le champ de bataille, frappé de soixante-deux blessures,

« dont cinq ou six mortelles ». Le coup fut rude pour le père ; et la mère, bien qu'elle affectât « contenance joyeuse » suivit le fils de près. Il ne restait plus à La Trémoïlle qu'un petit-fils, encore enfant, et ses amis lui persuadèrent que c'était bien peu, qu'il risquait trop de laisser éteindre son nom. Alors il se laissa remarier (7 avril 1517), il choisit même une alliance singulière, il épousa à cinquante-cinq ans la toute jeune duchesse de Valentinois, la fille de César Borgia et de Charlotte d'Albret, qui — don Juan eut cette dernière bonne fortune, — conservait pieusement la mémoire de son terrible mari. La duchesse de Valentinois ne donna pas de nouveaux enfants à son mari, c'est le petit-fils qui, se mariant à son tour, continua la race des La Trémoïlle, mais le vieux maréchal n'eut pas la joie de voir grandir ses arrière petits-enfants.

Le 28 juin 1519, Charles-Quint était proclamé roi des Romains, empereur d'Allemagne. La nouvelle en arriva à la cour de France, le 3 juillet et, « pour oublier mérancolie » dit une histoire du temps, le roi de France se retira quelques jours à Fontainebleau, « prenant son déduit à la chasse ». C'était une autre chasse qui allait bientôt commencer, la grande chasse royale où toutes les nations allaient être entraînées l'une après l'autre, la chasse pour l'empire de l'Europe qui a duré deux siècles ou plutôt qui dure encore. Le vieux gouverneur de Dijon partit encore une fois, et, à soixante-cinq ans sonnés, il redescendit en Italie avec les compagnons de sa jeunesse. Vous savez le reste et le désastre de Pavie (24 février 1525). Aux premières décharges, La Trémoïlle est blessé « près et dessoubz l'œil » et son cheval tué sous lui ; il prend le cheval de son écuyer, Jean de Brosse, retourne au combat et aux premiers pas, tombe frappé à mort en plein visage d'une grande arquebusade. Il mourait « au lict d'honneur », et ses derniers regards ne virent pas la défaite.

La ville de Dijon a donné le nom de La Trémoïlle à un de ses boulevards, mais elle conserve mieux, des souvenirs parlants, authentiques de son ancien gouverneur. Au lendemain du siège de Dijon qui avait montré l'insuffisance militaire de la place, la ville commença à reconstruire ses fortifications et La Trémoïlle fit élever sur l'emplacement de la porte aux Anes, pour commander le Suzon, une grosse tour demi-cylindrique, détruite seulement en 1854. « Il nous souvient, dit l'historien de Dijon[1], d'y avoir vu incrustée, dans la muraille de l'est, une pierre (aujourd'hui au musée de la commission des antiquités de la Côte-d'Or) portant la roue, corps de la devise de Louis II de la Trémoïlle, dont l'âme n'était « *jamais hors de l'ornière*[1] ». C'est-à-dire jamais hors du devoir, hors de l'honneur. Si les ancêtres de Louis II en étaient parfois sortis, lui du moins, il y rentra, il rendit à sa maison l'honneur et même la gloire, il servit quatre rois, Louis XI, Charles VIII, Louis XII, François Ier; il contribua pour sa part à donner la Bretagne à la France et il lui sauva la Bourgogne. Somme toute, il y a peu de vies plus heureuses, plus glorieuses que celle-là, et si je n'ai pas réussi à vous la retracer comme elle le méritait, vous vous direz du moins, que ce n'était certainement pas la faute du sujet.

M. le Président lève la séance en disant :

Mesdames, Messieurs,

Je ne veux pas vous retenir, mais je désire ne pas mériter le reproche d'ingratitude en ne remerciant pas, pour nous tous, le conférencier qui vient d'illustrer de façon si vivante la figure de La Trémoïlle. Ce devoir accompli, je vous rends votre liberté.

---

1. H. CHABEUF, « *Dijon, Monuments et souvenirs*, p. 89. Elle figure aussi, comme M. Chabeuf veut bien me le rappeler, sur l'étendard arboré sur les murs de Dijon assiégé, dans le premier compartiment de la tapisserie du Siège, au Musée de la ville. Cette même roue symbolique se voit encore, conjuguée avec la croix de Malte, aux bases de la porte de l'ancienne Madeleine, rue Amiral-Roussin.

La Délivrance de Dijon et l'Unité de la France

DEUXIÈME CONFÉRENCE

PRÉSIDÉE PAR

M. MACK

Conseiller Municipal de Dijon

ET PRONONCÉE PAR

M. LAFON

Avocat à la Cour d'Appel

le 21 Octobre 1913

M. le président présente ainsi l'orateur :

Mesdames, Messieurs,

Hier, dans cette superbe salle des Etats de Bourgogne, à l'initiative généreuse et courageuse de M. le chanoine Thomas, une première conférence historique a été donnée à l'occasion des fêtes du IVe centenaire de la délivrance de Dijon assiégé par les Suisses.

Aujourd'hui, un maître de la parole doit vous entretenir du même sujet en mettant à la disposition de l'assemblée son talent d'orateur et le charme poétique d'un penseur chrétien.

Je donne la parole à M. Lafon.

Conférence de M. Lafon

Priés pour pais, doulce vierge Marie,
Roine des cieulx et du monde maistresse,
Faictes prier, par votre courtoisie,
Saincts et sainctes, et prenés votre adresse
Vers vostre Filz, requérant sa haultesse,

> Qu'il lui plaise son peuple regarder,
> Que de son sang a voulu rachetter
> En déboutant guerre qui tout dévoye ;
> De prières ne vous veuillez lasser,
> Priés pour pais, le vray thrésor de joye.

Au xve siècle, Charles d'Orléans adressait, en ces termes, sa requête poétique à la doulce Vierge Marie. Les prières des catholiques collectives ou intimes, à la formule séculaire ont une enveloppe moins précieuse ; mais elles se vêtent de mots toujours doux, toujours énergiques, toujours vrais ; elles tombent inlassablement les mêmes aux pieds de la Vierge, protectrice du pays de France à chaque époque de notre histoire. Pourquoi changer l'*Ave Maria*, dont la récitation apporte le calme et dont le chant des premiers mots domine le bruit des foules et se confond merveilleusement avec le grondement et les murmures des torrents et des gaves en un hymne d'éternelle reconnaissance ? Pourquoi blâmer ceux qui implorent par le *Salve Regina* la Reine de miséricorde ? Cependant l'objet de cet entretien se fixe à une date, ne se caractérisant pas seulement par les grands coups donnés, les joutes brillantes, la fougue et la furie dans les batailles, mais aussi par le parler, témoignage des idées et des pensées d'alors. Puisque aujourd'hui vont se soulever devant vous, très incomplètement, j'en conviens, les voiles sous lesquels s'enveloppent et se cachent les xve et xvie siècles, vous ne trouverez pas inutile que j'aie voulu vous apporles clartés d'une prière jolie.

Si Marie est « Roine des Cieulx », si elle est « du monde maistresse », elle est réellement la mère de la France.

Une mère a des sourires et des larmes.

Et la « doulce Vierge Marie » a laissé perler sourires et larmes, en grande abondance, sur toutes les provinces de France. Elle a parlé son céleste langage de larmes de compassion, ou de joie et de sourires de bonté, aux bords faciles de nos rivières et de nos fleuves, aux villages les plus modestes comme dans les villes les plus puissantes, à la plaine mélancolique, aux champs fortunés dont la richesse rend quelquefois la race peu disposée aux appels religieux, sur les montagnes sauvages et sur les collines, pentes abruptes et aussi pentes douces, marches de sanctuaires jamais désertes. Que ce fût le guerrier, une frêle fillette, un saint, que la Vierge ait honoré d'un regard, la France d'autrefois, comme la France d'aujourd'hui, a voulu bénéficier de la marque d'affection généreusement donnée. Aussi, ont-elles surgi innombrables les chapelles, par lesquelles la reconnaissance populaire a fixé le geste de la Charité maternelle, et la tradition leur a-t-elle attribué des noms, qui se trouvent imprégnés d'un parfum d'exquis archaïsme, quand la modernité de l'édifice ne lui donne pas un vocable miraculeusement choisi.

Sanctuaire de Rocamadour, sanctuaire de Bétharram, sanctuaire de Massabielle, mots délicieux, évoquant les souvenirs les plus ineffables, même pour ceux qui, ayant vécu aux pays du miracle, se sont laissé gagner, avec l'éloignement, par l'indifférence ou l'oubli.

Mais, très souvent, le peuple de France n'a pas désigné seulement la chapelle, il a désiré magnifier le geste lui-même de la Vierge, et il l'a fait à la manière des tout petits, en choisissant l'appellation la plus humainement affectueuse qu'il ait découverte dans son langage le plus simple.

Notre-Dame du Bon-Conseil, Notre-Dame de Grâce, Notre-Dame de Toutes-Aides, Notre-Dame de Bon-Espoir !

Enfants et parents ont aux lèvres les mêmes appellations : les enfants parce que l'instinct et l'innocence les guident vers leurs soutiens et leurs défenseurs, les parents parce qu'ils croient savoir où est la source de force, et que les prières les moins compliquées, les cris les plus énergiques en leur concision ont le don de toucher et d'émouvoir les protecteurs habituels.

Dans bien des circonstances, d'ailleurs, le cri le plus énergique en sa concision marque la valeur non seulement du geste primitif par lequel se manifesta la puissance surnaturelle de celle qui est la bonne Mère de tous les Français, mais encore la preuve d'une reconnaissance pour une ultérieure inspiration que la seule humanité n'aurait pu provoquer, ou pour une préservation mystérieuse s'ajoutant au premier bienfait.

Honneur à Notre-Dame de l'Apport, honneur à Notre-Dame de l'Espoir, honneur à Notre-Dame de Bon-Espoir ! Cris de reconnaissance et d'amour des Bourguignons d'autrefois et des Bourguignons de maintenant !

Notre-Dame de l'Espoir était certainement la Reine de la Bourgogne. En voulant qu'elle fût Notre-Dame de Bon-Espoir, le peuple de France l'a proclamée sa souveraine Libératrice, puisque, après les affres du siège de Dijon, la grande idée d'unité de notre patrie continua à passer sur nos provinces, de même qu'un souffle bienfaisant caresse les épis dorés d'un champ de blé pour que leurs aigrettes se redressent plus fortes, plus régulières, plus semblables entre elles. Notre-Dame de Bon-Espoir, qui sait ce qu'il y a de loyal et de fier au cœur du Bourguignon, a permis que le sol, où certes avait prospéré une famille dont la gloire fut grande, mais dont l'orgueil et l'audace faillirent être néfastes à la France, fût libéré par un événement extraordinaire, brisant l'effort de l'ennemi pour écraser notre patrie. Elle a voulu cet événement, sans que le sang coulât, parce que, si l'une de ses plus saintes sujettes, la Pucelle, a pu dire : « Le cœur me saigne, quand je vois le sang d'un Français », n'est-il pas vrai qu'une mère, implorée par un enfant, ne laissera jamais saigner son cœur ? Peut-être des sceptiques voudront-ils contester ce que des contemporains ont vu et affirmé ; et à ceux-là ma bonne foi, faite des relations d'auteurs sincères et des traditions, voix du peuple, opposera les extraordinaires résurrections, qui, dans une région fortunée, si chère à ma jeunesse, sont la réponse actuelle, irréfragable. jamais cessante de la Vierge Immaculée à ses infimes détracteurs.

D'autres vous ont dit et vous diront avec leur chaude éloquence ce que fut le siège de Dijon, en 1513, et comment l'ennemi ne franchit pas les remparts de la cité.

I

Qu'il me soit permis d'étudier les conséquences de ces événements au point de vue de l'unité de la patrie et de la prépondérance en terre française de la religion catholique. Soyez assurés, d'ailleurs, que si un ouvrage remarquable, dont j'aurai dans un instant à invoquer l'autorité, ne m'avait offert de précieux documents pour la question religieuse proposée, mon incompétence m'eût empêché de la traiter.

Aux époques d'évolution ou de troubles, il est singulier que se renouvellent des faits qui, par leur répétition, cristallisent en un état définitif des situations indécises, des situations paraissant tarder à être indéfectiblement fixées.

Quand, en 1429, Jeanne d'Arc vint vers Charles VII pour que le roi de Bourges fût sacré à Reims roi de France, sa mère s'en était allée à un pèlerinage de grande dévotion, au sanctuaire de Notre-Dame du Puy-en-Velay. Notre-Dame du Puy était une Vierge noire ; à ses pieds prièrent, en même temps, Elisabeth Romée, la mère de Jeanne, et Jean Pasquerel, qui partit du sanctuaire pour être le chapelain de l'héroïne. Le culte de Jeanne pour la Vierge est indéniable. Jeanne écrit au roi d'Angleterre : « Et n'aiés point en vostre opinion que vous ne teurés mie le royaulme de France de Dieu, le Roy du Ciel, filz de Saincte Marie... » La Vierge Noire, aux pieds de laquelle avaient prié Elisabeth Romée et Jean Pasquerel, et qui, certes, avait reçu, à travers l'espace, les supplications de l'héroïque Lorraine, fut la protectrice de Jeanne. Orléans, Jargeau, Beaugency, Patay, Troyes, Reims, la belle randonnée guerrière à travers un pays souillé par la présence de l'Anglais! Ensuite l'étonnant couronnement de Charles, prouvant, suivant le mot de Jeanne, « que Charles est bien celui auquel le royaume de France doit appartenir! » La France frémit; elle palpite; elle vit. Si, au réel, la libération n'est pas rigoureusement complète, moralement l'ennemi est bouté hors de chez nous. L'unité de la patrie est affirmée, et, comme a conclu M. Hanoteaux dans l'*Histoire de Jeanne d'Arc* : « Le salut de la royauté française fut véritablement le salut de l'Eglise, puisque la Réforme était imminente et que la France *Anglaise* eût été la France *Protestante* ».

Presque un siècle s'est écoulé! Et voilà que la *Vierge Noire*, cette fois la *Vierge Noire* de la Bourgogne, va faire le miracle! elle arrête l'ennemi de la France harcelée et épuisée, et, comme c'est la Bourgogne qui a servi d'instrument pour la manifestation de la protection de la Vierge, la postérité a pardonné que l'un des puissants ducs de la Bourgogne, à un tournant de son histoire, eût compromis l'unité française.

De nouveau, la France est sauvée; elle conserve son intégrité; en même temps, la porte se trouve fermée à la réforme *allemande*.

Enfin, le nom de La Trémoïlle, si tristement mêlé aux luttes des courtisans du faible et ingrat Charles VII contre Jeanne, sera réhabilité, au siège de Dijon, par un La Trémoïlle qui, quoique en ait dit un auteur, semblant établir l'histoire avec beaucoup d'imagination et de présomptions, fut le diplomate avisé signant un traité loyalement libérateur.

N'y a-t-il pas dans les rapprochements de ces faits, renouvelés à un siècle d'intervalle, rapprochements sur lesquels le philosophe dédaignera peut-être de discuter, autre chose que du hasard, et même à parler un peu prétentieusement, autre chose qu'une suite de circonstances, amenées par un enchaînement logique d'événements? Le plus petit coup de vent renverse les combinaisons les plus solidement préparées par les gouvernements; le grain de sable, apporté dans un rouage qu'entoure un appareil merveilleux de défense, fait trébucher les empires; dès lors, il est très rationnel d'affirmer que rien n'arrive, qui n'ait été voulu par une autorité se jouant de tous les projets humains.

Louis XI meurt en 1483. Il a fait avec un rare bonheur, par sa volonté et la volonté de tous, une plus grande France, une France ressemblant beaucoup à la France que nous aimons, et de laquelle il est vrai aujourd'hui d'assurer, sans s'arrêter aux subtilités intéressées de politiciens faméliques, que la même âme bat en quelque lieu que flotte son drapeau.

Sous le règne de Louis XI, viennent à la France la Guyenne, l'Aquitaine presque en entier, le Maine, la Provence, Péronne, Arras, Abbeville, Boulogne, enfin la Bourgogne à laquelle Henri IV dira, en 1609 : « Je vous ai bien mis à couvert; vous n'êtes plus frontière de la Savoie, à cause de la Bresse qui vous couvre; vous n'êtes frontière que du côté du Comté où ils ont plus peur de vous que vous d'eux ».

Anne de Beaujeu marie son frère Charles VIII à l'unique héritière de Bretagne. La France est désormais fermée, suivant le mot d'un historien. L'historien aurait pu ajouter, et bien formée, formée à tel titre que, sous l'inspiration de la régente, Anne de Beaujeu, Philippe Pot, un bourguignon, et non des moindres, filleul de Philippe le Bon, conseiller de Charles le Téméraire, chevalier de la Toison d'Or, s'exprimait ainsi aux Etats Généraux de 1484 (et sa parole semblait être celle de la France elle-même) :

« Dès lors, quelle est la puissance, en France, qui a le droit de régler la marche des affaires, quand le roi est incapable de gouverner? Évidemment, cette charge ne retourne ni à un prince, ni au conseil du prince, mais au peuple donateur du pouvoir. Le peuple a deux fois le droit de diriger ses affaires, parce qu'il en est le maître et parce qu'il est toujours victime, en dernière analyse, d'un mauvais gouvernement..... Il n'a pas le droit de régner, mais, entendez-le bien, il a le droit d'administrer le royaume par ceux qu'il a élus. J'appelle peuple, non seulement la plèbe et les vilains, mais encore tous les hommes de chaque ordre, à ce point que, sous le nom d'Etats Généraux, je comprends même les princes... Ainsi vous, députés des Trois Etats, vous êtes les dépositaires de la volonté de tous. » Ce n'est donc pas une majorité de hasard et d'occasion qui doit être la maîtresse, et pour l'intérêt de laquelle trop souvent la force primera le droit; c'est la nation tout entière, c'est la réunion des trois ordres, c'est l'unité qui sera la France, qui déléguera sa volonté.

L'unité territoriale est faite; la conscience nationale existe; elle se manifeste par le verbe, non pas seulement celui qui sort de la bouche des grands, mais aussi par celui qui sort des lèvres des petits, lèvres du représentant des Etats Généraux de 1484, lèvres de la Bergerette de Domrémy.

Lorsque Charles VIII inaugura par son arrivée à Asti, le 9 septembre 1494, les péripéties des guerres d'Italie, avec pour but la conquête du royaume de Naples, fit-il œuvre de politique utile, ou qui aurait pu être utile? Les uns ont prétendu que « l'entreprise de Naples fut la conséquence fatale d'une attraction qui, depuis deux siècles, s'exerçait sur la pensée de nos rois et la tenait presque incessamment tournée vers l'Italie ». (*Charles VIII*, par Delaborde). D'après M. Lemonnier, collaborateur de M. Lavisse, en présence des revendications de Maximilien d'Autriche sur la Bourgogne et de la coalition qu'il avait nouée avec l'Angleterre et l'Espagne, « il fallait une imagination maladive, avec une survivance d'idées et de chimères médiévales pour chercher à relever les droits des

Angevins sur Naples et pour rêver la conquêtes de Constantinople ».

On s'étonne à bon droit, en effet, que le rêve de rencontres avec les Turcs ait accompagné le rêve de batailles sur le continent; la prudence la plus élémentaire commandait l'alliance de toutes les forces catholiques pour marcher contre l'Infidèle; aussi M. Lemonnier ajoute quelque part : « Mais, à vrai dire, les projets sur Constantinople avaient-ils jamais été autre chose qu'un prétexte à la conquête de Naples ou qu'une lubie d'imagination »?

Naples pris et perdu sous le règne de Charles VIII, encore pris et perdu sous le règne de Louis XII, le Milanais conquis et perdu,... batailles où retentissent des noms fameux dans nos annales guerrières,... puis, brusquement, après des trêves, des traités, des combinaisons à l'étude desquels on apprendrait que tout est leurre et mensonge en vie politique, la France se trouva, en 1513, en présence d'ennemis, qui étaient le Pape, l'Empereur, le roi d'Aragon, le roi d'Angleterre et les Suisses.

Notre seul allié, Jacques d'Ecosse, trouvait la mort à Floddenfield.

Une trêve d'un an avec Ferdinand, roi d'Aragon, permettra à Louis XII de n'avoir pas de préoccupations du côté des Pyrénées. Mais, que s'abatte le malheur sur une nation, les trêves n'ont qu'une valeur très relative.

Maximilien et sa fille, Marguerite d'Autriche, tutrice de Charles, conservaient à notre égard l'opinion qu'exprimait, au moment de la Sainte Ligue (1511-1512), un de leurs agents : « Je vous veulx bien avertir que depuis que la France est France, quelque bonne mine que Messieurs les Français tiennent de eux bien défendre, ils ne furent jamais si étonnés qu'ils sont à présent, car ils doubtent merveilleusement de leur destruction complète. » L'Allemagne, ayant à sa tête la maison autrichienne des Habsbourg, regarde d'un œil d'envie la belle France; Maximilien et Charles-Quint ne cesseront de penser à la conquête de l'héritage bourguignon. L'ennemi est donc là, puissant et prêt à bondir sur nos provinces à la moindre espérance de succès.

L'Anglais, lui, n'oubliait pas la guerre de Cent-Ans. Ses regards étaient toujours tournés vers les rivages français, et ses rois, désireux d'enrichissements, ne veulent pas manquer l'occasion d'essayer de nous enlever quelque chose.

D'ailleurs, Autrichiens, Allemands et Anglais savent se rencontrer quand il s'agit de frapper la France. Ils se donnent la main, et leur alliance leur vaut la victoire de Guinegatte.

Quant au pape Léon X, qui venait de succéder à Jules II, décédé le 20 février 1513, il ne pouvait que s'en tenir à la politique de son prédécesseur; cette politique consistait à conquérir les provinces, ayant constitué, suivant la thèse du Souverain Pontife, le domaine de l'Eglise, et par conséquent à empêcher Louis XII de s'établir sur leur sol. D'autre part, la Pragmatique-Sanction jetait un froid dans les relations de la France et de la Papauté. En ayant paru renier ses droits de fille aînée de l'Eglise, la France pouvait difficilement en vouloir à la Mère, qui refusait de rien abandonner de ses aspirations et de son autorité.

Restaient les Suisses. A l'époque des guerres d'Italie, la Suisse était non pas une puissance militaire, mais une nation guerrière. Dans trois batailles célèbres, où a sombré la fortune des ducs de Bourgogne, ... Granson, Morat, Nancy, ses enfants ont solidement établi leurs qualités de combattants; ce sont de merveilleux soldats. Le Suisse ne vit pas pour l'agrandissement de sa patrie par la guerre; il vit de la guerre, et même, si l'expression n'est pas trop forte, il jouit de la guerre, comme si elle était un plaisir. Il donne ses bras à location; mercenaire, il échangera sa vie pour des écus. Donc, pas de politique absorbante et d'expansion; cependant, d'origine germanique, le Suisse aura pour l'Empereur des tendances d'attachement ; à accepter la conclusion très exacte d'un savant, « il resta toujours entre l'Allemagne et la Suisse, pendant le XVIe siècle, une sorte de communauté de tempérament, que la Réforme contribua à resserrer. » Jaloux de la France, les Suisses avaient un attrait tout particulier pour notre Bourgogne, riche par la prospérité de sa terre et par ses économies. Et puis, il ne faut pas se dissimuler que Louis XII marchandait avec trop de parcimonie le prix du dévouement de ses mercenaires. Bien mieux, Louis XII toujours préoccupé de ménager son argent préférait les gens de pied recrutés en France aux Suisses discuteurs et indisciplinés. De telles circonstances n'étaient pas de nature à nous ramener nos voisins.

Chacun sait que l'infanterie nationale française est née aux guerres d'Italie ; et parmi les premiers combattants de l'armée nouvelle, on trouve les Gascons, les Picards, « race septentrionale, dit Michelet, qui a tout le feu du Midi ». A Ravenne, le chef de ces troupes, Gaston de Foix, les entraîne à la victoire. Mais le brave Gascon, l'homme intrépide, meurt, et sa mort glorieuse est un nouveau trait d'union entre le Béarn et la France.

Quelqu'un de beaucoup d'esprit a voulu se moquer des Gascons du Béarn ; il a dit plaisamment : « En hommes honnêtes et modérés, un petit royaume leur suffirait. Tout le monde ne peut pas, comme le meunier du moulin de Barbaste, gagner Paris pour une messe. » Oui ; mais tout Gascon peut, après avoir entendu la messe et avoir invoqué Notre-Dame, essayer de gagner un royaume à la patrie, en la défendant, en lui gardant le royaume par son courage ; il n'y manque pas, lorsque l'heure du danger a sonné, lorsqu'on fait appel à son loyalisme. Du panache, certes, il en veut, le Gascon ; quel Français n'en a jamais voulu ? Et puisque notre spirituel auteur a prétendu avec plus de raison que la Bourgogne était en France l'élément le plus liant, le plus capable de réconcilier le Nord et le

Midi, il faut approuver le Gascon d'être venu, alerte, vigoureux et ardent fantassin, en allant devant, toujours devant, au-devant de la réconciliation qui a fait la patrie de France.

En effet, la Bourgogne n'est pas que la grande pourvoyeuse de la liqueur la plus généreuse qui coule sous les pressoirs, des meilleurs vins du monde. Le caractère de ses enfants n'est pas seulement pondéré, réfléchi et joyeux à la fois, comme s'il résumait toutes les qualités essentielles à notre race française. Chacune de ses villes n'est pas qu'en droit de réclamer que lui soit appliqué le compliment, décerné vers 1540 par Sébastien Munster aux Semurois : « Les Semurois sont gens paisibles, débonnaires et charitables, s'entr'aymans et caressans, et vivans ensemble en grande concorde, et qui se plaisent surtout en l'accointance des estrangiers... »

De par sa situation, le pays de la Bourgogne se trouve être une des premières marches où se jouera le sort de la patrie, que l'ennemi vienne du Midi ou du Nord. La Bourgogne disparue, la France ressemblerait à un corps sans cœur ; la Bourgogne entamée, la patrie, telle que nous la comprenons, ne serait plus la patrie ; la Bourgogne est partie intégrante, nécessaire du territoire français. Et, même, lorsque sous la domination ducale, elle paraissait marcher à la remorque ou à la tête des ennemis de la France, elle avait son individualité propre, elle était française quand même ; le Bourguignon, sire de l'Ile-Adam, se tenait devant Henri V d'Angleterre, qu'il regardait sans ployer l'échine. Henri V l'interpelle : « Comment osez-vous bien regarder un prince au visage, quand vous lui parlez ! » — Et l'Ile-Adam de répondre : « Sire, c'est notre coutume à nous autres Français ; quand un homme parle à un autre, de quelque rang qu'il soit, les yeux baissés, on dit qu'il n'est pas prud'homme, puisqu'il n'ose regarder en face. »

Donc, en cette année 1513, le ciel était sombre pour la France.

Les confédérés, Suisses et Comtois, au nombre d'environ 34.000, suivis de 6.000 lansquenets, sont entrés sur notre territoire, Ils veulent frapper la France au cœur : la Bourgogne est envahie. Que Dijon soit enlevé, la France sera attaquée de tous côtés, et qu'en restera-t-il ?

L'Espagne, l'Angleterre, l'Allemagne, l'Autriche, les Etats italiens sont les ennemis qui tomberont sur la proie ardemment convoitée, d'autant plus ardemment convoitée que, pour certains des assaillants, la haine sera aliment de convoitise.

Si Dijon est pris, les vallées, par où s'écoulent la Seine et ses affluents et conduisant à Paris, seront promptement occupées. A Paris, l'Anglais, l'Allemand et le Suisse se donneront la main ; l'œuvre providentielle de la grande Française, de Jehanne la Pucelle, sera détruite. Mais parce que l'œuvre était providentielle et que nos pères le savaient, en avaient reconnaissance, elle ne doit pas périr. Et comme toutes les voies sont possibles à Dieu, cette fois on aura une « paix de Bourgogne », d'autre genre que celle voulue précédemment par le connétable de Richemont, et faite d'autre façon « qu'à la pointe de la lance ».

Notre-Dame de l'Espoir est invoquée. Son image miraculeuse est opposée, fragile et glorieux palladium, à l'intransigeance de l'ennemi. Aussitôt l'espoir, celui qui promet la vie sauve, la vie exempte d'embûches, la vie presque heureuse renaît aux cœurs les plus timorés. L'espoir, rayon de joie dans un cercle de malheurs, l'espoir, auréole timide au front de la patrie endeuillée, se lève devant les pas du cortège.

Le guerrier devient diplomate. La fureur de l'ennemi tombe sans motifs apparents. La grande protectrice de la France a soutenu pour elle le combat, mais le combat pacifique. Notre-Dame de Bon-Espoir a gagné la bataille, et pas une goutte de sang n'a été versée. La paix est conclue avec les Suisses ; le traité de Dijon, signé par La Trémoïlle, a maintenu l'intégrité du sol français.

Notre-Dame de l'Espoir, patronne de la cité, Notre-Dame de Bon-Espoir, libératrice de la France, vous qui, en arrêtant l'ennemi, avez conservé intacte notre patrie, renouvelez le miracle si jamais reviennent les jours de malheur ! Oh ! je le sais, on dira qu'à une époque néfaste voisine de la nôtre, et que nous avons connue, notre Bourgogne n'a pas été providentiellement protégée, que Dijon a été occupé par l'ennemi et que, malgré le courage de ses enfants jusqu'à la mort, la France a perdu des provinces toujours pleurées. Mais a-t-on invoqué Notre-Dame de Bon-Espoir ? Aux jours sombres, qu'éclairaient seulement les feux de l'envahisseur, y a-t-il eu autour de la cité la procession protectrice qui aurait tracé la ligne infranchissable ? Y a-t-il eu la simple procession de 1513 ? Y a-t-il eu même dans le temple l'invocation officielle qui aurait remplacé une procession impossible à effectuer ? Non, à ces moments critiques, l'aide officielle a été demandée à un étranger dont la seule présence était la négation du pouvoir surnaturel. Et le résultat de cette intervention, nous le copions dans un ouvrage publié sous les auspices du Conseil général de la Côte-d'Or, couronné par l'Académie française et écrit par l'universitaire distingué qui s'appelle M. Kleinclausz : « Garibaldi put rédiger des télégrammes pompeux où sa victoire prenait des proportions épiques et où les forces adverses étaient évaluées à 35.000 hommes pour le moins. La vérité historique, c'est « qu'en défendant Dijon inébranlablement » au lieu de se porter en avant, le général avait assuré la ruine de l'armée de l'Est et la perte de la Bourgogne..... Le général Hahn de Weyer entra à Dijon le 1er février 1871, tandis que Garibaldi reculait sur Bourg sans tenter aucune résistance. »

Pour un tel résultat, il n'était pas besoin de l'étranger. En 1513, tous les membres de la cité n'avaient qu'une même âme de Français ; pas de distinction d'opinions, chacun avait la foi de son voisin ; la même prière monta vers la Vierge et l'intégrité nationale fut assurée. L'union centuple la force d'une nation ; l'union dans le domaine des choses de l'esprit et de l'âme assure l'unité matérielle. Union patriotique, unité de la patrie, vœux qu'il serait criminel d'interdire un seul instant à nos cœurs !

II

Tandis que s'éloignaient Suisses et lansquenets, le Bourguignon, regardant leurs masses refouler vers la frontière, et qui aurait eu vision de l'avenir, se serait dit qu'un danger moral disparaissait avec le danger matériel. De même que l'expulsion des Anglais avait éloigné, au temps de Jeanne d'Arc, la possibilité de la Réforme anglaise, de même la retraite des Suisses et des Allemands préservait la France de la Réforme allemande ou suisse.

A ne se placer qu'au point de vue artistique, la France, qui depuis le xve siècle a accumulé des trésors, aurait-elle un patrimoine aussi riche, au cas où l'esprit de ses enfants aurait été plié à la discipline de Luther et de Calvin ? Il est permis d'en douter. Dans la Bibliothèque Universelle, M. de Reynold disserte ainsi sur l'évolution des arts en Suisse : « D'abord, cet art se forme et se libère des influences extérieures, à mesure que la nation se forme et se libère elle-même ; nous le voyons, et dans le développement superbe du xve et du xvie siècle, *malheureusement brisé net par la Réforme*, ... et par la peinture contemporaine. »

Au point de vue de l'érudition, avons-nous à nous plaindre que « la Réforme ait rompu nos relations intellectuelles avec la Germanie[1] ? »

Le génie français a suivi son évolution naturelle ; il a

---

1. LAVISSE, *Hist. de France*, t. V, p. 162.

pris son développement, dégagé de toutes les lourdeurs, de toutes les pesanteurs d'une race qui sait laisser des traces partout où elle passe ; il a été *lui* ; il l'a été parce que le maintien de l'unité sur le terrain politique et sur le terrain religieux n'a pas permis une écrasante domination.

Admettant que la puissante et lourde Germanie n'ait fait que passer, que l'unité de la France, un instant compromise, se soit refaite après l'épreuve, il y aurait eu compression de l'esprit français, retard dans son épanouissement naturel.

Or, si dans le domaine des choses artistiques on avait à redouter l'éclipse, qui s'est produite pour d'autres, combien de luttes se seraient livrées dans le domaine de l'âme ! Quel retard pour la floraison de science et de piété de l'Eglise de France ! Les Bossuet et les Lacordaire ne seraient pas venus à l'heure, qui sonna pour eux, si la Réforme eût fait s'étioler les mérites de notre Eglise.

Un livre de haute science historique, « le Concordat de 1516 », dû à un homme éminent, M. le chanoine Thomas, l'artisan le plus infatigable des hommages actuellement rendus à Notre-Dame de Bon-Espoir, précise « que la Réforme luthérienne sépara l'Eglise d'Allemagne du centre de l'Unité Catholique, tandis que l'application de la réforme concordataire conserva l'Eglise de France dans la communion du Saint-Siège » (t. 1, p. 266). Mais comment aurait pu s'établir cette communion, si, en tant qu'état politique, la France eût été démembrée ou absorbée par les nations ennemies, l'anglaise, l'autrichienne et l'allemande ? La question est trop simple pour comporter une réponse. Le Concordat de 1516 apparaît comme la suite rationnelle de la libération du territoire. La Bourgogne est dégagée, en 1513, des étreintes de l'envahisseur. La France reprend haleine ; en 1515, à Marignan, François Ier obtient sur les Suisses une revanche éclatante, suivie, un an après, de la réconciliation de Fribourg du 29 novembre 1516. A Bologne, en décembre 1515, Léon X et François Ier jettent les bases d'un Concordat publié quelques mois après par le Pape.

Le Concordat, libre contrat longuement débattu, consacrait l'union entre l'Eglise et la France. Il mettait un terme à l'état de gêne qu'avait créé la Pragmatique-Sanction de Bourges. Promulguée par Charles VII, le 7 juillet 1438, la Pragmatique arrachait à l'autorité papale l'Eglise de France pour la placer sous l'autorité du pouvoir laïque. Les papes n'avaient jamais admis pareille doctrine. « La Pragmatique-Sanction n'affirmait-elle pas que le chef de l'Eglise doit obéir à ses sujets réunis en Concile Général ?... Ne limitait-elle pas, sans son assentiment, sa souveraineté dans le gouvernement de l'Eglise ? » De plus, « elle le dépouillait en quelque sorte de toute influence dans la collation des dignités ecclésiastiques. Elle ne permettait point, contrairement aux lois canoniques, de recourir directement à son tribunal. Elle lui ôtait, sans compensations suffisantes, une partie des ressources qui lui étaient nécessaires pour faire face aux charges de l'Eglise. » (Le Concordat de 1516, 1re partie, p. 225).

L'unité est la nécessité vitale de notre religion ; d'ailleurs, tous les grands principes procèdent de l'unité, et dès qu'il y a division quelque part, la mort approche. Dans l'Eglise Catholique, une dans sa doctrine, il ne doit y avoir qu'un chef ; le pouvoir ne peut être partagé. Le Concordat de 1516 affirma l'unité de chef, un instant contestée.

Comme toutes les choses humaines, un traité n'a pas une valeur éternelle ; mais, dès l'instant que la volonté réfléchie a fait apposer sur des documents longuement étudiés une signature, personne ne peut puiser dans le droit naturel la faculté d'annuler sa signature sans l'assentiment de toutes les parties intéressées. En admettant, par impossible, la rupture des conventions du fait de la volonté d'un seul, il faut du moins que chacun soit remis en possession des objets par lui engagés, ou dont une délégation et un mandat réguliers, la confiance d'un bienfaiteur l'ont constitué dépositaire. On a donc justement conclu que la reconnaissance en France de la souveraineté spirituelle du Pape et de sa supériorité sur les Conciles généraux par un acte officiel, qui a été le Concordat, avait fermé, pour ainsi dire, la France à l'hérésie. En effet, un gouvernement qui venait de signer un Concordat proclamant la suprématie papale, un peu plus tard battue en brèche par le protestantisme, ne pouvait renier sa signature, la laisser protester par des complaisances coupables. D'ailleurs, des historiens indépendants restent persuadés que le fait du prince était aussi rare, sinon plus rare aux siècles passés que de nos jours.

D'autre part, il existe souvent, même s'agissant des choses de l'esprit, des concessions faites aux intérêts matériels. Notamment, le luthérianisme, qui prétendait lutter pour des idées, offrait matériellement à ses plus puissants protecteurs le prix de leur aide. D'après Larousse, non suspect de partialité, Luther promit à la noblesse chrétienne allemande un facile agrandissement territorial par les sécularisations ; au témoignage du même auteur, Frédéric II a écrit que la Réforme allemande fut l'ouvrage de l'intérêt ; la conclusion de Larousse, il est vrai, se pose ainsi : « Cela est loin d'être juste pour ses origines, mais c'est parfaitement vrai de son développement. » Or, avec des déductions très rigoureusement présentées, le savant qu'est M. l'abbé Thomas a vu précisément dans le Concordat de 1516 la pierre d'achoppement qui empêcha les feudataires français, attachés au sol par une possession territoriale, de se rallier par motif d'intérêt à la nouvelle doctrine. En effet, Léon X avait mis à la disposition du roi les nominations aux prélatures sous l'institution papale. Aussi, le protestantisme prudent ne voulait-il pas s'attaquer à la fois au roi, dispensateur des bénéfices, et à l'Eglise bénéficiaire des biens temporels, S'en fût-il pris à l'Eglise, à cet égard, les bénéfices revenaient au roi ; la noblesse n'avait rien à gagner à se dresser contre l'Eglise, comme le fit celle d'Allemagne, qui recueillit dans son apostasie de gros avantages matériels ; la noblesse française n'eut aucune tentation ; elle conserva sa fidélité à la religion de ses ancêtres, et nous croyons qu'elle n'aurait pas, même tentée, reproduit complètement et à l'unanimité le geste de la désertion allemande.

Il ne nous appartient pas, en cette conférence (au surplus, est-ce le rôle d'un laïc, aurait-il plus que la foi du charbonnier ?) de discuter sur l'hérésie et sur le schisme. Nous n'avons pas de sermon à prononcer ; telle n'est pas notre tâche, et l'onction n'a jamais été le propre de l'avocat. Mais, puisqu'il nous faut effleurer une question religieuse, est-il interdit de dire : Nous croyons en la souveraineté de nos Papes, et nous y croyons, parce que le Pape et l'Eglise ont l'enseignement véritable du Christ.

Cet enseignement est un enseignement de bonté. Quelquefois se rencontrent de prétendus disciples, orgueilleux et au cœur sec. Le catholique, celui qui regarde vers Rome, sait bien que le Souverain Pontife éclairé ne se penchera jamais vers eux que pour la résurrection de leur cœur.

Notre religion, religion d'affection et de pardon, sait infuser dans les âmes le dévouement, l'amour du prochain, la compassion, donner les renoncements, mettre à nos yeux les larmes sincères qui nettoyent et chassent les pensées d'orgueil, de dédain, de rancune. Notre religion, c'est la paix, la paix après la lutte contre le vice et toutes les ignominies. Et voilà pourquoi nous l'aimons, et ce serait prudence incompréhensible de ne le pas avouer tout haut.

La France, appliquant sans arrière-pensée la religion catholique, serait, avec ses qualités natives, la France continuellement héroïque, et non pas seulement héroïque à ses heures. D'ailleurs, nos traditions catholiques ont tellement mis en elle, jusque dans ses fils les plus rebelles, le sentiment de justice, le sentiment de réprobation contre les vilenies, les condamnations sans défenses, les ordres iniques, que toutes les bonnes causes, même celles que l'on croyait à jamais perdues, la font tressaillir, et souvent presque malgré sa volonté.

Aussi notre devoir est-il de louanger sans mesure, sans aucune exception, les événements qui ont maintenu chez nous le patrimoine de l'Eglise.

Le miracle de Dijon, en 1513, a été un de ces événements. Notre-Dame de Bon-Espoir, Libératrice de la Bourgogne, a voulu que la France fût maintenue intacte dans son territoire et persévérante dans son dévouement filial à l'Eglise. Notre reconnaissance ne doit pas se faire que de prières isolées ; les manifestations grandioses, où chacun apporte sa foi et son amour, et se déroulant pacifiques, appelleront de nouvelles bénédictions, appelleront de nouveaux miracles.

Certes des voix se sont élevées séparatistes impénitentes. Et, quand sur des terrains où l'union est facile, des apôtres, s'inspirant de l'enseignement de l'histoire, viendront pour prêcher l'oubli des injures, on entendra des rétrogrades proclamer bien haut une intransigeance, exclusive de pardon et d'oubli, et même une intransigeance, laquelle, n'ayant rien à pardonner, se dressera cependant, parce qu'en face du bien surgit nécessairement le mal. Mais il nous appartient de combattre les impulsions dissolvantes de l'idée de patrie, de l'idée de fraternité, de l'idée de fusion des sentiments de tous pour la plus grande prospérité de la France. Il nous appartient de lutter par la parole, par l'exemple, avec d'autant plus d'énergie que la prudence des producteurs de l'ivraie les fait malicieusement semer par le naïf et l'ignorant la mauvaise graine.

toujours chèrement vendue ; car le naïf et l'ignorant recueillent la prison et les coups, tandis que les habiles producteurs de la semence pernicieuse obtiennent profits et honneurs.

S'il y a unité des pays de France, si la majorité des Français se fond en un bloc indissoluble pour que notre sol ne soit jamais plus entamé, il existe encore des égarés, qui veulent la guerre, et qui la veulent seulement chez nous avec leurs frères, Ils s'attaquent aux sentiments de leurs voisins: ils ne craignent pas de toucher à l'intimité de la conscience. Et, cependant, l'idée de patrie, l'idée de religion sont intangibles, au-dessus de toute discussion, j'allais dire de toute dissertation. Ces idées se présentent si éminemment respectables qu'il les faut préserver du moindre souffle, qui les ternirait. Quand vient le mauvais souffle, si faible soit-il, la tempête se prépare ; le tourbillon, avant-coureur des cataclysmes, se dessine. La nation a ses mouvements rythmiques, favorisés par le plein épanouissement d'inviolables principes ; dès qu'il y a arrêt de mouvement, accroc dans le mouvement, le malheur n'est pas loin ; le sang du Français coulera bientôt ou bien ses larmes.

Lorsque les signes précurseurs de l'orage apparaîtront, ayons souvenance des temps de Jehanne, la bonne Lorraine,... tournons nos regards du côté de l'Eglise médiévale, vers l'écrin de pierre où la piété des Bourguignons a placé l'image de leur protectrice, Notre-Dame de Bon-Espoir. La « doulce Vierge » séchera nos larmes, si nous croyons. « Croire, c'est vaincre, » belle parole d'un homme d'Etat contemporain. Mais « croire, c'est vivre » aussi. Et Notre-Dame de Bon-Espoir donne la vie à ceux qui croient en elle.

Demandons les victoires qui apportent la paix. Mais demandons surtout et simplement la paix dans la cité, dans la patrie, en terre française. Adressons-en requête à Notre-Dame de Bon-Espoir, et que cette prière, tissée avec notre souvenir des bienfaits reçus en 1513 et au cours de la vie de la Bourgogne, tissée encore avec notre croyance en la puissance mystérieuse que symbolise l'Image miraculeuse, fasse la France unie et toujours respectée.

  Priés pour pais, doulce Vierge Marie.
  . . . .
  Priés pour pais, le vray thrésor de joye.

M. le Président remercie le conférencier :

En votre nom, comme au mien, Mesdames et Messieurs, j'adresse à M. Lafon, notre éloquent et distingué conférencier, l'hommage de notre gratitude et nos chaleureux remerciements.

Dijon Artistique au moment du Siège

TROISIÈME CONFÉRENCE

PRÉSIDÉE PAR

M. le Dr COLETTE

Ancien professeur à l'Université

ET PRONONCÉE PAR

M. HUGUENIN

Avocat à la Cour d'Appel

22 Octobre 1913

M. le Président annonce en ces termes le conférencier :

Il est de notoriété publique que le barreau de Dijon est une riche pépinière de gens lettrés qui associent à la solidité du savoir l'art si charmant de bien dire. M. le Curé de Notre-Dame a senti ce que le concours de pareils hommes apporterait d'éclat, de sérieux, d'agrément à des fêtes qu'il a organisées avec un zèle dont on ne saurait trop le remercier. Il a eu le bonheur de former une équipe d'orateurs remarquables, convaincus qu'en 1513 la foi et le patriotisme ont marché de concert, que la foi y fut agissante et que l'armée a préparé les journées triomphantes succédant aux heures d'angoisse. Le conférencier de ce soir appartient à l'équipe, il a un talent unanimement apprécié, il est une notabilité parmi les maîtres. Par une pente naturelle on arrive à constater avec quelle surprenante facilité l'avocat vêtu à la barre de sa robe noire avec ses larges emmanchures qui favorisent l'ampleur et l'à-propos du geste, éveille dans notre esprit l'image des vieux magiciens de jadis, personnages énigmatiques, mais bien réels et si habiles à attirer les foules, à les émerveiller. Monsieur, vous avez déposé au vestiaire la robe historique des magiciens, c'était pour vous un décor inutile, mais vous en apportez ici la manière, les méthodes qui sont facteurs d'éloquence. Je vous prie de vouloir bien sans plus tarder nous en fournir la preuve.

Conférence de M. Huguenin

Mesdames, Messieurs,

Lorsque les Suisses furent en vue de Dijon, ils éprouvèrent comme un besoin de faire montre de leur puissance, de braver ceux qu'ils espéraient vaincre. Aussi, se déployant en une longue formation, ils couronnèrent les hauteurs qui dominent la ville de Saint-Apollinaire à Mirande, le plateau de Crésille.

J'imagine que nos ancêtres sortirent des gîtes où la crainte les tenait terrés et que, montant à leurs tours, aux hauts pignons de leurs demeures, ils vinrent contempler l'admirable et terrible spectacle qui leur était offert : dominant la cohue des gens de pied, la ligne de ces armes élégantes que forgea le Moyen-Age, mordait le ciel. Il y avait là des vouges, des guisarmes, des fauchards et surtout des hallebardes, l'arme nationale des Suisses, que leur avaient empruntée toutes les nations d'alors.

Les cavaliers allemands et comtois étaient revêtus de belles armures, ornées de cannelures parallèles orientées de façon à faire passer les coups. Ces admirables produits de l'art des « Plattners » d'Augsbourg et de Nuremberg, s'appelaient des maximiliennes, du nom de l'empereur qui aima tant les joutes et les tournois.

Mais c'était surtout vers les fantassins suisses que se portaient les regards. On sentait confusément que le règne de la chevalerie était fini, que l'heure n'était plus aux charges tumultueuses et indisciplinées, que l'infanterie allait devenir, et pour longtemps, la reine des batailles.

Au centre des bataillons suisses était une redoutable cohorte, celle des joueurs d'épée à deux mains. Vous avez vu dans nos musées et nos collections ces épées, hautes souvent de deux mètres, à la lame large et ondulée et vous vous êtes demandés, à coup sûr, quels étaient les géants qui maniaient de pareilles armes.

C'étaient des mercenaires suisses. Leur costume répondait au pittoresque de leur arme. Vêtus de pourpoints à taillades, coiffés d'une calotte de fer dissimulée sous un béret recouvert de touffes de plumes qu'ils orientaient pour se protéger du soleil, ils marchaient au premier rang dans les batailles.

Fauchant les hampes des lances, ils ouvraient la trouée dans laquelle s'enfonçait l'armée tout entière. Ils formaient aussi la garde d'honneur autour des princes, et s'ils venaient à tomber les couvraient de moulinets de leurs terribles épées, jusqu'à ce que leurs pages les eussent aidés à se relever.

Les soirs de victoire, ces rudes jouteurs étaient aussi de rudes pillards.

Pour bien nous représenter l'aspect de cette armée, il ne faut pas oublier qu'au XVIe siècle les armes atteignirent un luxe qu'elles n'avaient jamais atteint, qu'elles n'atteignirent jamais plus. Qui ne se souvient, en effet, de ces bourgeois « dorés comme calices » que l'amiral frotta si bien à la bataille de Saint-Denis.

Ce ne fut pas sans des clameurs de joie que les Suisses virent la silhouette de Dijon se découper sur le lointain bleuâtre des montagnes, comme ces villes assiégées que peignit plus tard Van der Meulen.

Nos pauvres Bourguignons furent-ils plus intrépides que leur dernier duc? J'en doute. Le Téméraire avait frémi en entendant mugir le Taureau d'Uri, la Vache de Schwitz, le Veau d'Unterwalden, ces trois cors célèbres qui restèrent sur le champ de bataille de Marignan.

Quelle terre promise, quelle curée, à l'heure du pillage, pour les alliés qui, sur leur route, avaient impartialement pillé amis et ennemis!

C'est de cette ville qu'étaient sortis les trésors de Grandson et de Morat et il semblait qu'ils fussent inépuisables.

Ces tourelles, ces girouettes, elles marquaient la demeure de riches bourgeois, et, sous chacune des hautes flèches qui trouaient le ciel, était le trésor d'une église.

Ce n'était pas, je vous l'assure, le respect des choses saintes qui dût retenir bien longtemps les farouches montagnards. Tenez ! nos bourguignons, qui cependant buvaient de trop bons vins et mangeaient de trop bonne pitance pour être bien mauvais garçons, ne s'étaient pas fait faute, au siège de Beauvais, de tirer de nombreuses flèches (on disait alors de « traire force carreaux ») sur la chasse de Monsieur Saint Angadresme, patron de la ville, que l'on promenait sur les remparts. Longtemps on montra, à Beauvais, ce monument de l'impiété bourguignonne.

C'était donc une lutte sans merci ! Et, si les Suisses pouvaient avoir quelques doutes sur la résistance qui leur serait offerte, la ceinture de ruines fumantes qui encerclait la ville était pour leur faire connaître les résolutions de ses habitants.

A coup sûr, les faubourgs qui, durant les années prospères s'étaient élevés hors de l'enceinte trop petite, ne sauraient prétendre à faire partie de Dijon artistique, et ils sont ainsi hors de notre sujet.

Permettez-moi cependant de vous dire quelques mots de ceux que l'on venait de sacrifier au salut de la cité.

Au premier rang venait le faubourg Saint-Nicolas.

Le recensement de 1479 qu'il est plus exact d'appeler de son vrai nom « la cerche des feux », lui donne plus de seize cents habitants. C'était une agglomération importante percée de onze rues, l'une des paroisses les plus considérables de la ville.

La vieille église Saint-Nicolas qui datait, dit Courtépée, du XIIe siècle, était hors des remparts, près de la porte au Comte qui s'appela depuis porte Saint-Nicolas.

L'entrée était située rue du Four-de-Bèze qui prit plus tard un nom bien singulier pour un parvis d'église, elle s'appela la rue des Coquins!

Unie à l'abbaye Saint-Etienne en 1178, la vieille église avait été dotée, dans le courant du xve siècle, d'une chapelle de secours fondée rue Vannerie, par Jean de Noidant, bailli de Dijon et maître d'hôtel du duc.

Ce respectable monument était dangereux pour la défense de la ville; il commandait en effet le rempart en un point particulièrement faible et ce défaut de l'armure n'avait pas échappé à La Trémoïlle. Aussi la démolition de Saint-Nicolas fut ordonnée.

Pierre Tabourot, plus tard vicomte-mayeur, a écrit une relation du siège qui ne pèche pas par la prolixité, elle est concise, brève, elle a la grandeur simple des récits de guerre écrits sous le bruit des canons.

C'est donc à ce vieux Dijonnais que je laisserai le soin de vous dire ce que fut la destruction de la vieille église :

« Il fut ordonné par Monseigneur de La Trémoïlle, gou-
« verneur de Bourgogne, d'abattre l'église Saint-Nicolas
« hors les murs ; et ainsi que les maçons faisoient leurs orai-
« sons avant que d'y mettre la main, s'enfuirent tout éper-
« dus; et se prit à suer à grosses gouttes une Nostre-
« Dame de bois, et son petit enfant qu'elle tenoit des-
« tourna sa vüe, regardant le costé des faubourgs; et j'ay
« parlé a des gens qui le virent. »

On comprend l'émoi des pauvres gens qui portaient la pioche des démolisseurs dans un sanctuaire vénéré, l'un des plus grands de la ville. Ils étaient vingt-quatre, une déclaration du nombre de journées de travail nous a conservé leurs noms.

Le temps fit-il défaut? dût-on renoncer à trouver des ouvriers? n'est-ce pas plutôt le miracle dont parle Tabourot? On ne sait. Toujours est-il que Saint-Nicolas survécut au Siège.

Dès 1517, Jean de Saulx, gruyer et louvetier de Bourgogne, fit à cette église une importante fondation.

Mais le sort du vieil édifice était marqué ; une bourrasque semblable à celle qui l'avait entamé allait, au cours du siècle, disperser ces pierres antiques.

En 1557, Bénigne Martin, vicomte-mayeur, devant la menace d'un nouveau siège fit détruire l'église.

Vous comprenez que pour un chef aussi énergique que La Trémoïlle, pour un homme de guerre qui ne craignait pas de prescrire de telles mesures en vue du salut de la ville, les faubourgs et leurs chaumines devaient être fort peu de chose.

Aussi flambèrent successivement : Saint-Michel qui comptait plus de sept cents habitants, Saint-Pierre qui en comptait près de six cents et la Porte-d'Ouche de moindre importance.

Tabourot, dont la sensibilité n'est pas cependant excessive, peint la situation des malheureux habitants d'un mot laconique et poignant. « C'était, dit-il, chose moult piteuse à voir ».

Cependant la torche des incendiaires s'était arrêtée devant trois institutions charitables dont je voudrais vous entretenir : l'hôpital de la Madeleine, la Maladière et l'Hôpital du Saint-Esprit.

L'Hôpital de la Madeleine, situé hors de la porte Saint-Pierre, appartenait primitivement aux Templiers. A la disparition de l'ordre, il passa aux Hospitaliers de Saint-Jean de Jérusalem. Les bâtiments de la porte Saint-Pierre ne survécurent guère au siège ; en 1515, La Trémoïlle en prescrivit la démolition pour élever un boulevard sur l'emplacement.

L'année suivante, François I*er* fit reconstruire l'église près d'une vieille tour du castrum que la légende considère comme la prison de saint Bénigne. Vous pouvez y voir encore, rue Amiral-Roussin, le joli portail servant maintenant d'entrée à un atelier de serrurerie. Je ne manquerai pas de vous signaler dans la décoration sculpturale la roue, emblème des La Trémoïlle.

La Maladière retiendra plus longtemps notre attention, elle va en effet nous permettre de toucher de plus près à l'âme du Moyen-Age.

Au nombre des fléaux qui ravagèrent l'Europe d'alors, il faut faire une place importante à la lèpre.

On a beaucoup discuté sur son origine. Qu'elle ait existé dans nos régions, dès l'antiquité, qu'elle ait été importée par les croisades (ce qui est peu probable), cela importe assez peu.

Nous savons que c'est une maladie microbienne, le Moyen-Age, qui ignore non seulement le nom de microbe mais qui n'a même pas la conception de ces infiniments petits, sait qu'elle est contagieuse. J'ajoute que, au point de vue du traitement, nous ne sommes pas plus avancés que lui.

Mais il faut bien nous dire que, si l'horrible maladie a disparu de nos régions, c'est aux mesures prises par nos pères que nous le devons.

Le symbolisme puissant du Moyen-Age s'est ici donné libre carrière. On récite sur le lépreux l'office des morts, avant de lui ouvrir la petite maison qui sera sa demeure jusqu'à son dernier jour. Construites hors des villes, à l'écart, les logettes des Maladreries ou des Maladières sont groupées dans une enceinte commune sous la surveillance du maître des Ladres.

Celle de Dijon remontait au douzième siècle. Chaque année, le maître donnait aux lépreux, à la Toussaint, dix sous et trois aunes de « camelin » pour tailler le costume sans lequel ils ne pouvaient sortir.

Vous connaissez le rôle que joua le serment dans la vie publique du Moyen-Age. Aussi on impose aux lépreux, à leur entrée à la Maladière, un serment dont je voudrais extraire quelques indications sur la situation des ladres.

En allant mendier en ville, ils doivent incessamment

agiter une cliquette, sorte de crécelle, pour qu'on pût se détourner à temps de leur passage, et surtout « ils cheminent par le milieu de la charrière et au dessus du vent et des gens sains, afin que aucun ne puisse pis valoir ».

Enfin, ils doivent « avertir les magistrats s'ils savent « que certaines gens veulent empoisonner les eaux, les « vivres ou autres choses qui puissent grever le corps hu-« main ».

C'est là un aspect remarquable de l'esprit soupçonneux du Moyen-Age ; vous savez en effet que, dès qu'éclatait une épidémie, on accusait les juifs ou les lépreux d'avoir empoisonné les puits.

De l'autre côté de la ville, faisant en quelque sorte pendant à la Maladière, s'élevait l'hôpital du Saint-Esprit.

Le début du xvi° siècle est, dans l'histoire de notre vieil hôpital dijonnais, une époque mémorable, on le reconstruit et on le laïcise, il serait plus exact de dire on le sécularise.

Peu d'années avant le Siège, le Commandeur Guillaume Sacquenier, abbé de Baulme, avait posé pontificalement la première pierre de la grande salle.

Les événements de 1513 portèrent un rude coup à cette organisation, alors en pleine évolution. Les Suisses s'étaient établis à la Chartreuse et pillaient les environs. L'hôpital subit de grosses pertes et Guillaume Sacquenier, deux ans après le Siège, se démit de sa charge.

On en profita pour instituer une commission composée de notables, de parlementaires et d'échevins qui furent chargés de veiller à la régie des biens de l'hôpital.

L'antique institution que l'on modifiait alors de façon si profonde, était cependant fort respectable par son âge et par son caractère religieux.

Une légende veut qu'un des ducs de la première race, Eudes III, assailli en mer par une tempête, alors qu'il partait pour la terre sainte, ait fait vœu d'élever un hôpital sur le modèle de celui du Saint-Esprit qu'il avait vu à Rome, s'il rentrait sain et sauf dans son duché.

Nous retrouverons le même récit à l'origine de la Sainte-Chapelle, mais il faut bien le dire, pour l'hôpital ce n'est qu'une légende. Eudes III n'a jamais vu Rome et n'est jamais allé outre-mer.

L'hôpital était fort ancien, une partie des bâtiments datait, ainsi que l'église, du début du xiiie siècle.

L'institution charitable qui l'administrait alors, sous la direction d'un maître, que le pape autorisa en 1256 à prendre le titre de Commandeur, était les Hospitaliers du Saint-Esprit.

Comme pour la plupart des œuvres charitables du Moyen-Age, les aumônes étaient la principale ressource. Les Hospitaliers s'en allaient quêter par la ville portant un tryptique représentant la Trinité, vêtus d'un costume pittoresque, tunique bleue, couverte d'un manteau noir que traversait une double croix blanche.

En 1443, treize chevaliers, revenant du pas d'armes de Marsannay et se rendant aux pieds de la Vierge-Noire, firent aux hospitaliers de généreuses aumônes et l'on put voir longtemps leurs écus peints autour du portail de la chapelle.

Dijon méritait alors mieux que de nos jours le nom de « Ville aux beaux clochers », tant étaient nombreux les édifices trouant le ciel de leurs pointes ; c'était comme une cohorte de lances : Saint-Bénigne, la Sainte-Chapelle, les sept paroisses où Saint-Jean tenait la première place avec ses trois flèches, le Logis du Roi, Saint-Vincent, la Chapelle aux Riches et les trois hospices, Notre-Dame, Saint-Fiacre et Saint-Jacques. Ajoutez toutes les flèches de chapelles, des retraites urbaines d'abbayes, les tours des nobles logis et, plus bas, sur le moutonnement des toits, les girouettes de plomb doré, peint et étamé, et vous aurez une idée du Dijon d'alors, assez semblable à ce que nous le montre une gravure d'Israël Sylvestre, postérieure de plus d'un siècle, au-dessous de laquelle on pourrait écrire la phrase de Montaigne : « Il paraît que les Bourguignons aiment moult ces haultes pointes ».

Devant cette gerbe de flèches liées par la ceinture des remparts, les Suisses devaient avoir la même pensée.

Pour notre malheur, les remparts étaient un lieu singulièrement fragile. Caducs avant même que d'être terminés, ils avaient vu au cours de leur construction naître et se perfectionner un adversaire devant lequel les murailles n'étaient pas grand chose; je veux parler du canon.

Hugues II, profitant de l'incendie qui, en 1137 avait dévasté la ville, avait tracé le plan d'une nouvelle enceinte comprenant les faubourgs qui s'étaient rapidement développés autour du castrum. Vous savez combien était étroite l'enceinte circonscrite par la vieille muraille gallo-romaine, trois cents mètres dans sa plus grande dimension, à peine dix hectares, assez exactement la surface de l'ancienne paroisse Saint-Médard.

Les travaux commencés immédiatement furent conduits avec cette désolante lenteur que le Moyen-Age apporta si souvent dans ses constructions.

Il ne faut pas, d'autre part, oublier combien les temps étaient troublés, combien les croisades enlevaient alors d'hommes et d'argent.

Il subsista longtemps des brèches considérables. C'est en 1358 que Jeanne de Boulogne, alors tutrice de Philippe de Rouvres, osa jeter un pan de murailles à travers le pourpris de Saint-Bénigne. Philippe le Hardi termina les remparts en 1371.

A la vérité on y travailla, on les reprit durant tout le xv⁰ siècle. C'est déjà, sous une autre forme, la lutte du canon et de la cuirasse.

Il ne faudrait pas juger l'artillerie d'alors sur les ferrailles du Musée archéologique. Si vous voulez vous rendre compte de ce qu'était l'artillerie de nos ducs, allez faire un pèlerinage à cette petite ville morte, encore encerclée dans les remparts, contre lesquels vint se briser leur puissance. Moret a réuni en un embryon de musée quelques dépouilles du Téméraire. Il y a là de vieilles pièces à peu près intactes, elles donnent déjà une impression de force.

Dans les vingt dernières années du xve siècle, l'artillerie avait reçu de tels perfectionnements qu'on a pu dire que les progrès furent plus considérables que tous ceux qui s'accomplirent depuis, si l'on en excepte l'artillerie rayée.

Le boulet de fer se généralise, il est plus petit que le boulet de pierre, il fait des dégâts plus considérables. Sa portée est meilleure, son tir plus précis que celui des lourdes « bedaines » de pierre employées avant lui.

Or il est impossible de le tirer dans des pièces de fer forgé, c'est donc par une conséquence normale le perfectionnement de la pièce de bronze avec ses qualités et aussi avec l'admirable ornementation qu'elle conserva durant le xvie siècle.

Louis XI fait fondre les « douze pairs de France » qui eurent des fortunes diverses ; en 1465 nos Bourguignons en enlevèrent un à Montlhéry.

Il faut lire dans Fleurange, dans Paul Jove, la description des splendides pièces que nos rois traînèrent à leur suite en Italie. Le peu qui revint en France servit à fondre des cloches pour la ville de Lyon.

Nos remparts n'étaient pas bien redoutables pour une telle artillerie. Ils l'étaient d'autant moins que l'intérieur n'était épaulé par aucun terrassement ; c'était une simple chemise de pierre. Après le Siège seulement, on les renforça, d'une manière générale, en appuyant à l'intérieur un talus fait des débris des faubourgs et des barrages de pierre que les riverains du Suzon avaient indûment établis dans la rivière pour élever le plan d'eau.

Pour avoir une exacte idée de nos remparts, ajoutez

qu'ils étaient percés de dix-huit portes dont la plupart furent ensuite fermées, et couronnés de 21 tours, pourvues d'un armement déjà vieux.

Lorsque la rafale fut passée, on comprit qu'il était impossible de laisser une place frontière sous la défense d'aussi piètres remparts et tout un ensemble de fortifications nouvelles, bastions, demi-lunes et boulevards, vint s'ajouter aux constructions des ducs.

Une singulière fatalité semble attachée à nos murailles; elles n'eurent jamais à tenir tête à l'ennemi. Au XVII siècle, on les arma en hâte pour résister à Mandrin; le célèbre contrebandier parcourait alors la Bourgogne à la tête de sa troupe. On mobilisa la milice, mais, trop mollement conduite, elle n'eut pas même la gloire d'arrêter le bandit.

Il est curieux de noter que, même après les importants travaux du XVI° siècle, les remparts ne paraissent pas redoutables. En 1667 un moine suisse, Meglinger, venu au chapitre général de Cîteaux, compare, dans la relation qu'il écrivit de son voyage, les remparts de Dôle et ceux de Dijon. Il trouve les nôtres bien inférieurs à ceux de Dôle, qu'il célèbre en tirades enthousiastes.

Pourtant, à la couronne des tours venait de s'ajouter, l'année du Siège, un fleuron vite poussé et tout frais éclos, le vieux château que Dijon a si sottement détruit.

Lorsque Louis XI mit la main sur l'héritage de sa « chère filiole » Marie de Bourgogne, il sentit que, sous ses doigts de fer, le cœur de la province palpitait encore au souvenir de ses ducs qui l'avaient faite riche et prospère. Il se dit que le meilleur remède, le calmant le plus efficace pour ces palpitations qui pouvaient être dangereuses, était un bon et solide château, construit à cheval sur le rempart et aussi redoutable pour ceux du dehors que pour ceux du dedans, sorte de *Janus bifrons* dont les deux visages seraient également renfrognés.

Cette forteresse hypocrite commença par une royale

fourberie. Le 5 juin 1477, le vicomte-maïeur Berbisey faisait connaître à Messieurs de la Chambre de la Ville qu'il avait reçu des lettres du roi demandant que l'on élevât « à ses frais et en toute diligence un fort et puissant chasteau ». Les travaux furent immédiatement commencés et moins d'un an après, en 1478, le roi ordonnait que l'on prit sur chaque feu de la province un manœuvre par mois ou une somme équivalente. Le résultat de cette contribution forcée fut la jolie somme de 47158 livres.

La construction s'éleva donc rapidement, et c'était si bien contre la ville qu'elle était édifiée que c'est par l'intérieur qu'on la commença. On éleva d'abord la tour Saint-Bénigne, la tour Notre-Dame, les courtines les réunissant, la porterie regardant la ville, qui fut plus importante que celle que l'on édifia plus tard sur la campagne. En 1492, toute cette partie était terminée et armée depuis longtemps. Un inventaire de la Chambre des comptes de 1482 donne la description de l'artillerie : la bombarde de Niort, les deux frères de Langres et d'autres d'importance moindre.

Lorsque tout fut bien terminé, on détruisit le rempart et on commença d'élever la face regardant la campagne, mais lentement et avec d'interminables arrêts. En 1496, les chantiers sont déserts, la campagne d'Italie préoccupe autrement le roi. En 1501, nouvel arrêt, les travaux ne sont repris qu'en 1510, sur les instances de Louis XII ; enfin, en 1512, tout était terminé.

Or, malgré sa position formidable pour l'époque, le château ne joua aucun rôle durant le siège. Il a cependant des munitions ; le canonnier Jean Gibert vendit à la ville huit cents boulets. Comment expliquer ce silence ? Peut-être, c'est l'hypothèse de M. Suisse et elle est fort vraisemblable, les parties nouvellement construites n'étaient-elles point encore armées.

Toujours cette fatalité que je vous signalais à propos des remparts ! Mais si le château est inutile contre l'ennemi du dehors, il n'est pas de sédition, pas d'émeute, pas de guerre civile où la voix de ses canons n'ait fait trembler la ville. Pendant la Ligue, pendant la Fronde, il harcèle Dijon de boulets et surtout de bombes, démolisssant les maisons, brisant les cloches et les vitraux de Notre-Dame, de Saint-Bénigne, faisant plus de dégâts, et, à coup sûr, plus de victimes que n'en avait fait la canonnade des Suisses.

De là, une solide impopularité qui poursuivit et détruisit le château, alors qu'il n'était plus qu'une belle et inoffensive ruine.

Le plan, un rectangle flanqué de quatre tours, en était si simple qu'on s'est parfois demandé, bien à tort, s'il n'aurait pas été élevé sur des fondations plus anciennes. Deux boulevards percés de trois étages de batteries complétaient l'ensemble. La cour s'ornait d'une délicate chapelle ; et, pour que les Dijonnais sussent bien qu'ils étaient toujours sous l'œil du roi, on avait accolé à la tour Notre-Dame une tour de guette qui permettait de plonger fort avant dans les rues de la ville.

Pour avoir une vue d'ensemble de Dijon au Moyen-Age, montons par la pensée près du guetteur.

Les rues sont étroites et tortueuses, et elles restèrent ainsi jusqu'au xviiie siècle. Lorsque on amena à Dijon la statue de Louis XIV élevée, en 1725, sur la place d'Armes, on conduisit bien les lourds chariots qui la portaient jusqu'à la porte Guillaume, mais la statue attendit, deux ans, qu'on ait percé la rue de la Liberté, entre la rue du Bourg et la place François-Rude. Il était impossible, en passant par la rue des Forges, d'atteindre la place récemment ouverte en agrandissant la petite place Saint-Christophe. J'indique, en passant, que la statue avait d'ailleurs l'habitude de ces longs arrêts ; elle avait attendu, trente ans, à Auxerre qu'on se décidât à lui faire continuer son voyage.

Les rues ne sont pas pavées. On commença cependant d'assez bonne heure, dès 1393. Il y a bien un paveur juré assisté de sergents-voyeux ; mais on travaille si lentement que le pavage ne fut terminé qu'au XVIIe siècle. En 1612, on pava la rue du Bourg, qui était cependant la plus sale de la ville. Bien entendu il n'est pas question de trottoir, on pave en pierre calcaire de Talant ou d'Asnières, avec le ruisseau au milieu de la rue.

Il ne faudrait pas oublier cependant que nos pères subissent cette situation plus qu'ils ne l'acceptent ; elle leur est imposée par l'origine même des villes lentement cristallisées autour d'un château-fort, enserrées entre des murailles que nécessitent ces époques troublées d'incessantes guerres.

Lorsque le Moyen-Age crée une ville, c'est une cité à l'américaine percée de rues se recoupant à angle droit. Voyez les Villeneuves ou les Bastides du Midi.

Le Moyen-Age s'est méfié des larges avenues et des vastes places où le soleil est plus brûlant, où le vent erre comme chez lui. Il faut bien reconnaître que les rues étroites sont supérieures à plus d'un point de vue.

Voulez-vous vous en rendre compte ? Par un beau jour d'été, quand le soleil pèse de toute sa chaleur sur la place d'Armes, allez de la rue Vauban à la rue Verrerie. Lorsque vous aurez senti vos talons s'enfoncer dans l'asphalte mou de la place flamboyante de lumière, n'est-ce pas avec bonheur que vous entrerez dans l'ombre fraîche qui tombe des vieilles maisons aux étages surplombants ?

L'hiver la sensation est la même, mais transposée sur un autre ton. Sur la large place ouverte à tous les vents, les rafales passent secouant les parapluies qui tanguent désespérément. Dans la vieille rue, au contraire, la neige tombe lente et douce, et l'on n'a plus d'autre perception du vent que la chanson aigre des girouettes.

N'exagérons d'ailleurs pas la saleté de la cité gothique par amour du pittoresque, par je ne sais quel romantisme de mauvais aloi. Si la ville du Moyen-Age a des défauts, nos pères font leur possible pour y remédier.

Les services municipaux existent déjà. Dès 1443, il y a un service de balayage. Pour les échevins d'alors comme pour nos magistrats municipaux d'aujourd'hui, la question de l'eau est primordiale. En 1445, la ville passe un marché avec un charpentier-fontainier de Talant, du nom de Belle, pour la captation de sources, au moyen de tuyaux de « bois de verne », assemblés par des « vices de fer » et l'adduction au château-d'eau près de la porte Saint-Nicolas.

Deux ans avant le Siège, on avait remplacé par du plomb une canalisation, probablement de fer, de la fontaine Saint-Michel.

Malgré tout, de telles installations étaient trop précaires ; on dût se contenter longtemps de l'eau suspecte des puits.

Aussi la ville en perce plusieurs, de 1252 à 1537, et les dépenses sont couvertes par des taxes réparties dans les quartiers où ils sont forés.

Le Moyen-Age ne se montre pas moins ingénieux dans la lutte contre les deux fléaux qui firent alors le plus de ravage, le feu et les épidémies.

Je vous étonnerai fort en vous disant qu'il existe déjà un service de pompiers. Des citoyens sont élus et exempts de taille à charge de manœuvrer et d'entretenir le matériel d'incendie, qui consiste alors en seaux de cuir et en grandes seringues de bronze, les ancêtres directs de nos pompes automobiles.

On ne plaisante d'ailleurs guère lorsqu'il s'agit du terrible fléau. Il y a encore en ville nombre de maisons couvertes de chaume (de loiche, comme on dit alors), malgré les défenses de la Chambre de Ville. Les sinistres prennent rapidement des proportions considérables, aussi défense à quiconque d'aller au feu sans porter de l'eau, à peine d'avoir les oreilles coupées !

L'autre fléau, plus difficile à combattre, ce sont les épidémies qui passent fréquemment comme de grandes vagues dévastatrices.

En 1513, nous sommes entre deux rafales. En 1500 et en 1521, le fléau a pris de terribles proportions. Le Moyen-Age n'est pas très brave devant la peste : le Parlement, la Chambre des comptes, les corps constitués fuient la contagion. En 1521, le Parlement se sauva (il n'y a pas d'autre mot) jusqu'à Arnay-le-Duc.

A la moindre alerte, on prend de sévères mesures. Les Carmes sont soupçonnés d'avoir chez eux des pestiférés : on mure leur couvent et on leur passe leur nourriture par une fenêtre.

Durant l'épidémie, toute vie est suspendue ; défense de sonner les cloches, de lessiver linges et vêtements de personnes suspectes de contagion. Alors paraissent dans les rues ces infirmiers et ces lavandières des pestiférés, mangoguets et hérédesses, comme on les appelait, véritables huissiers de la mort, que distingue un costume mi-partie jaune et vert.

De la tour de guette du château, la première église qui s'offre à nos yeux est Notre-Dame ; aussi est-ce par elle que nous commencerons notre visite de la ville.

L'aspect extérieur est différent de celui que nous voyons aujourd'hui. Au lieu de la haute flèche d'ardoise d'un si heureux effet, une flèche courte, coupée d'une chambre de veille, où Jean Villemot, dit Jean de Dijon, et son fils surveillent incessamment la contrée depuis que la ville a été prévenue de l'entrée des Suisses en campagne.

Les gargouilles de la façade, que le XIXe siècle a restituées de si heureuse façon, n'existaient pas alors. Vous connaissez leur légende que nous conte, vers 1260, Etienne de Bourbon. Un usurier qui s'allait marier, aux environs de 1240, fut, au moment où il franchissait le porche à côté de sa jeune femme, écrasé par une figure de pierre, un homme tenant une bourse, qui s'était détachée.

On aurait alors détruit ces figures, vraiment trop dangereuses pour les passants. Par contre, l'imagerie du portail était intacte, peut-être toute brillante d'une récente polychromie, et les quatre niches s'ornaient de statues.

La façade était surmontée, comme aujourd'hui, du populaire Jacquemart, mais combien différent d'aspect !

La cloche, qui était arrivée à Dijon brisée et avait été refondue, s'abritait non sous le panier à salade en fer que nous voyons, mais sous un délicat campanile en plomb ajouré, doré, peint, orné de girouettes et de clochetons, un de ces chefs-d'œuvre de grâce et de finesse dont le Moyen-Age couronna ses édifices.

Jacquemart est alors tout seul devant sa cloche ; ni femme ni enfant. C'est un célibataire, d'âge mûr il est vrai : n'est-il pas plus que centenaire ?

Aussi les réparations sont incessantes, l'horloge est une lamentable patraque. En 1500, la ville a donné six francs à un ouvrier « pour refaire une figure de Jac-« quemart en bois de nouhier ». C'est la première fois où nous voyons donner à la populaire figure le nom sous lequel elle est connue.

Un siècle plus tard, en 1610, on lui enleva son beau campanile, remplacé par une cage de fer, et, pour le consoler de cette perte, on lui donna une épouse en bois de noyer comme lui.

Vous savez que ces deux vieux époux attendirent cent ans la naissance de leur premier-né.

Notre-Dame est la paroisse de la municipalité, même lorsqu'elle a son hôtel sur la paroisse Saint-Médard. Notre ville n'a pas un beffroi, comme les cités flamandes ou même comme d'autres villes bourguignonnes. La cloche municipale, « la bancloque », comme on disait dans le nord, est suspendue à Notre-Dame ; là aussi sont, à l'origine, les archives communales.

La vieille église voit passer de somptueux cortèges, les jours où le vicomte-mayeur prête serment en entrant en charge, ou lorsqu'il vient offrir le pain bénit pour la municipalité.

Rien de ce qui touche à l'église n'est étranger aux échevins. Lorsque le trésor fut menacé, en 1562, d'être enlevé et fondu par suite des événements que vous connaissez, ils décident de le racheter moyennant le prix de huit mille livres.

Autour de Notre-Dame c'est un cimetière, avec l'aspect particulier qu'il a à cette époque. Les hommes du Moyen-Age ne comprendraient rien au respect peureux dont nous entourons les cimetières. Pour eux, c'est à la fois un marché et une promenade ; on y commerce, on s'y divertit.

Lorsque le vicomte-maïeur, au cours de sa chevauchée, va proclamer le ban de vendanges à Saint-Apollinaire, c'est sur une pierre tombale du cimetière qu'on lui offre la vaste tarte copieusement arrosée à laquelle il a droit. Les gens du village ayant cru pouvoir s'affranchir de cette redevance en rentrant la tombe dans l'église, le Parlement ordonna qu'elle fût remise en place et que la cérémonie eût lieu comme par le passé.

A côté de l'église, sur l'emplacement du n° 13 actuel de la rue de la Préfecture, se trouvait l'hôpital Notre-Dame. Il eut, au cours du XVIe siècle, de singuliers administrateurs, tel cet Hugues Millière, appartenant à une vieille famille, dont le pittoresque logis de bois, au chevet de Notre-Dame, s'appuie au bel hôtel de Vogüé. Il fut condamné à être roué, porté ensuite au bûcher pour avoir assassiné et jeté dans un puits un valet du comte de Saulx.

Lorsqu'on veut reconstituer l'intérieur d'une église, au Moyen-Age, il ne faut pas oublier qu'il y règne, à cette époque, un pieux encombrement ; l'âme gothique, fervente et simple, aime les nefs et les chapelles copieusement meublées.

Nous pouvons nous en rendre compte dès le porche. Sans compter la chapelle Saint-Gaond, il y avait deux constructions actuellement disparues, un petit baptistère et surtout la chapelle Saint-Antoine, fondée par les bouchers du bourg. Le 17 janvier, fête du saint, toute la rue du Bourg, ayant fermé ses « étaux », vient processionnellement à la chapelle Saint-Antoine, précédée des ménétriers.

Le xviie et le xviiie siècles ont été terribles pour les verrières de nos églises : on aime les églises claires comme un salon de grande dame, et les somptueux vitraux sont détruits pour faire place à du verre blanc.

Si vous voulez mesurer à Notre-Dame toute l'étendue de la perte, allez dans le transept gauche voir les panneaux qui ont échappé à la destruction.

Dans la nef, à chaque pilier est un autel ; un beau jubé portant les armes des Millière barre l'entrée du chœur ; lorsqu'on le détruisit, à la fin du xviie siècle, un descendant des donateurs, conseiller au Parlement, fit entendre de telles protestations qu'on le réédifia sous l'orgue.

Sur l'autel est un beau retable de Jean Changenet, disparu à une époque imprécise. Au-dessus de la chapelle des Cinq-Plaies, Philippe le Bon s'est aménagé une chapelle, avec fenêtres donnant sur l'église et une cheminée. C'est là un luxe de grand seigneur, assez fréquent alors, nous en retrouverons un exemple à la Chartreuse ; et, à l'église de Brou, vous pouvez encore en voir une dans la chapelle de Marguerite d'Autriche.

La chapelle ducale est, en 1513, passée entre les mains d'un conseiller au Parlement, Nicolas Boisseau, qui la possédait depuis dix ans et l'avait dotée d'importantes fondations.

Mais ce qui donnait à Notre-Dame son caractère particulier, c'était la chapelle de la Vierge-Noire, haute de plus de vingt pieds, édifice dans le transept de droite, petite église dans l'église même, semblable aux chapelles que vous avez pu voir en Suisse, à Einsiedeln ou à Fribourg et qui abritent elles aussi des Vierges-Noires.

Autour courait une galerie portant des cierges. Quant à l'intérieur, nous pouvons le reconstituer aisément,

Comme elle devait être recueillie ! Le silence n'y était troublé que par le murmure des oraisons et le brasillement des cierges, cette chanson si fervente des flambeaux allumés en grand nombre que vous pouvez encore entendre à Paris, à Saint-Etienne du Mont, pendant la neuvaine de sainte Geneviève.

Les pèlerins auraient pu répéter les beaux vers du poète et dire eux aussi :

> Oui, je veux voir briller les flambeaux et les cires,
> Voir Notre-Dame, au fond du sombre corridor,
> Luire en sa châsse ardente, entre ses cierges d'or.

Les ex-voto étaient innombrables et naïfs comme la foi de ceux qui les avaient offerts ; il y avait là, nous dit Gaudrillet, non seulement les béquilles de ceux que Notre-Dame avait guéris, mais aussi des bras et des jambes d'or, d'argent, de bois ou même de cire. Des chevaliers victorieux avaient offert leurs armes.

Jusqu'à la Révolution, on conserva les écus des tenants du Pas d'armes de Marsannay et les chevaliers qui avaient fait largesses à l'Hôpital étaient venus déposer leurs lances à Notre-Dame, sous la conduite du comte de Charny.

C'est dans cette chapelle qu'on plaça quelques-uns des boulets tirés par les Suisses sur la ville.

Vais-je oublier de vous signaler les tapisseries : la tapisserie du Siège que vous avez vue au Musée et une suite disparue à la Révolution, représentant la Vie de la Vierge.

Nous gagnerons le Palais ducal et la Sainte-Chapelle, en passant par la partie de la rue des Forges qui s'appelait alors rue de l'Arbre-de-Jessé, du nom d'une enseigne pour laquelle le Moyen-Age eut une prédilection particulière.

Le Palais des Ducs n'est plus alors que le Logis du Roi. C'est un pêle-mêle de bâtiments sans unité, sans confort (quelques-uns sont même en bois), dominés par deux tours encore debout : la tour de Bar, du nom du prisonnier illustre dont elle fut la geôle, et la haute tour de la

Terrasse, que Philippe le Bon avait élevée pour surveiller les bandes d'écorcheurs qui dévastaient alors la Bourgogne.

Quelles devaient être les pensées des Dijonnais lorsqu'ils passaient sous les vieux murs du Palais !

Quels somptueux cortèges ils avaient vu défiler depuis le jour où, au lendemain de l'incendie de 1137, les ducs de la première race, quittant le vieux palais élevé à peu près sur l'emplacement de l'Ecole de Droit, étaient venus s'établir ici. C'était là qu'étaient nés les glorieux ducs qui avaient fait la Bourgogne riche et prospère. C'était là aussi que le 25 janvier 1473 le Téméraire, en un banquet comme on en pouvait faire à une pareille cour, avait réuni ses seigneurs, leur avait fait connaître ses projets, qui devaient finir dans la boue glacée d'un marais, sous les murs de Nancy !

Les soldats de Louis XI étaient passés là et ils avaient tout emporté. Le sire de Craon, leur chef, n'avait pas oublié les caves, puisque Louis XI lui écrit : « Touchant les vins du duc de Bourgogne, je suis heureux que vous les ayez ».

En 1503, le feu avait éclaté et l'on avait pu se rendre compte alors combien les Bourguignons tenaient encore à leurs ducs. Malgré la sévérité des édits, le peuple avait fait la grève des bras croisés, goguenardant et regardant brûler.

Moins d'un siècle avant, en 1417, le feu ayant éclaté dans une tour, toute la ville était accourue et l'on avait sonné si furieusement la cloche de Notre-Dame qu'elle en avait été fêlée.

Les dégâts de l'incendie de 1503 furent considérables.

Dès l'année suivante, un marché fut conclu avec Jehan d'Angers pour la construction de la belle cheminée de la salle des Gardes. Au moment du Siège, les travaux étaient arrêtés et les pierres simplement ébauchées.

La place Rameau était alors occupée par un édifice que

Dijon devrait éternellement pleurer, je veux parler de la Sainte-Chapelle. Les rois de France avaient terminé le vœu des ducs de Bourgogne, car la légende de l'hôpital devient ici une réalité. Hugues III revenant de Terre-Sainte avait, en exécution du vœu fait dans la tempête, construit la Sainte-Chapelle primitive.

Le Pape Alexandre III en avait posé la première pierre en 1172. Notons que c'est le même pape qui, dix ans plus tôt, avait posé la première pierre de Notre-Dame de Paris.

Il semble que Hugues III ait eu à cœur d'accomplir rapidement son vœu. En 1196 l'église est terminée et rapidement elle devint un des centres vers lesquels convergeait la piété des Bourguignons, c'est-à-dire qu'elle fut bientôt trop petite.

Au début du xiiie siècle, on songea à l'agrandir. Alors va commencer une reconstruction lamentablement lente. A la fin du xive siècle, il restait à faire une partie des voûtes, le portail, les tours. En 1399, Claus Sluter sculpta pour le portail le cadran solaire et une statue de saint Jean. Les parties terminées sont fort branlantes et ont besoin d'être reprises et consolidées, la chapelle tout entière « est en aventure de choir par terre ».

Cependant, lorsque Philippe le Bon fonda la Toison d'Or, c'est cette ruine neuve qu'il choisit pour chapitre de l'ordre. Les lettres données à Rethel, en 1431, nous font connaître l'état de l'église : « Icelle nostre chapelle, dit le duc, jusqu'ici imparfaite non assouvie en édifices et non dédiée », ce qui ne l'empêcha pas d'y réunir le chapitre des chevaliers de l'Ordre en 1433.

Ce furent les chanoines aidés par les deniers de Louis XII qui la terminèrent, en 1511.

Comme toutes les églises dijonnaises, la Sainte-Chapelle avait de somptueuses verrières. Elles étaient particulièrement célèbres par la qualité de leur rouge, nos vignerons comparaient leur bon vin aux vitres de la chapelle ducale.

Dès 1424, les chanoines avaient traité avec Jehannot de Toul pour refaire et réparer les verrières. Pendant sa captivité, entre 1431 et 1435, dans la tour de Brancion, à laquelle il donna son nom, René d'Anjou, duc de Bar, avait obtenu de se rendre à la messe à la Sainte-Chapelle.

Il contribua à l'œuvre des vitraux, y travailla même, dit-on, de ses nobles mains ; un vitrail représentant une vierge de pitié avait comme signature le « portrait au naturel » du bon roi René entre ses saints patrons, saint Antoine, saint Georges et la Madeleine.

Au fond du chœur, dans le vitrail de saint Jean, les clefs de saint Pierre et les armes de Martin V, une colonne d'argent sur champ de gueules, disaient que la chapelle ne relevait que de la lointaine autorité du Saint-Siège.

Or, Martin V, comme vous l'indiquent ses armes, était de la famille des Colonna, et par une de ces rencontres curieuses, comme l'histoire nous en offre tant, c'est une relique offerte par un pape célèbre par ses luttes contre la famille Colonna, qui devait faire la gloire de la Sainte-Chapelle.

Eugène IV, en lutte contre les Pères du concile de Bâle et contre la faction des Colonna, avait comme protecteur, si je puis ainsi dire, le duc de Bourgogne, auquel il offrit en témoignage de reconnaissance une hostie miraculeuse, où l'on voyait encore la marque sanglante des coups de dague dont un fou l'avait frappée.

Notons en passant que le secrétaire pontifical, qui signa le bref, est un des grands érudits de la Renaissance, Pogge, dont il faut oublier certains écrits pour ne songer qu'aux recherches qu'il fit dans les bibliothèques des couvents et aux manuscrits qu'il en exhuma.

La précieuse relique voulait une précieuse monstrance. Isabelle de Portugal offrit, en 1454, le somptueux reliquaire dans lequel on plaçait la Sainte-Hostie pour les processions solennelles ; le reste du temps elle était conservée dans un coffret qui avait remplacé le vase d'émail byzantin qui servait au début.

Louis XII avait envoyé par deux hérauts sa couronne royale pour remercier Dieu d'une guérison miraculeuse, et le joyau avait été monté sur le pignon couronnant le reliquaire, comme la couronne encerclant la flèche de la chapelle à mi-hauteur.

A la Révolution, la Sainte-Chapelle était un véritable musée ; dans le chœur, derrière le beau jubé sur lequel prenaient place les chantres, les stalles conservaient les armes peintes des chevaliers de la Toison d'or.

L'autel était encadré de six colonnes de cuivre couronnées d'un dais dont la couleur changeait avec celle des ornements liturgiques. Il n'y avait pas de tabernacle mais un ciborium suspendu à une crosse de bronze.

C'est au-dessus de l'autel que prit place, plus tard, le retable d'argent doré, don de la famille Jacqueron, qui est aujourd'hui au Musée.

Autour de Saint-Etienne, un groupe d'édifices, sur lesquels tranchait la masse blanche de Saint-Michel, servait de but aux Suisses ; Saint-Médard, Saint-Vincent, Saint-Etienne et Saint-Michel étaient en effet une cible, sur laquelle on pouvait être assuré de voir porter tous les coups.

Saint-Etienne était cependant un lieu fort vénérable. C'est là, dans une petite crypte, que s'étaient réunis les premiers chrétiens. Une chapelle s'était élevée primitivement en cet endroit. Quant à l'église édifiée en 1045, elle avait été détruite par l'incendie de 1137 à la suite duquel l'abbaye s'était agrandie. Quand furent organisés les tournois en 1391 pour recevoir le roi Charles VI, on n'avait pas trouvé d'endroit plus propice que le pourpris de l'abbaye et les tribunes (on disait alors les échafauds) et les lices s'étaient élevées sur l'emplacement du grand jardin, rue Legouz-Gerland.

L'église abbatiale, qui existait au moment du Siège,

avait été édifiée en 1488, après qu'un coup de foudre eut incendié la flèche et effondré les voûtes.

L'histoire de l'abbaye Saint-Etienne retentit trop souvent de querelles, surtout au sujet des préséances, avec les églises voisines, particulièrement avec la Sainte-Chapelle.

Peu d'années avant le Siège, elle était tombée en commande et n'était plus qu'un bénéfice concédé par le roi. Le dernier abbé élu, Antoine Chambellan, est un personnage fort extraordinaire, qui parcourt la ville la nuit entouré de ses valets en armes.

Je voudrais vous signaler dans l'église un de ces orgues à personnages animés qui sont devenus si rares de nos jours et que la fin du Moyen-Age avait exécutés en grand nombre.

Construit, en 1476, par Pierre de la Maison, il avait été réparé par François des Oliviers et pourvu d'une figure de saint Etienne entre deux bourreaux le lapidant.

Tout contre Saint-Etienne se pressait la vieille église Saint-Médard. C'était déjà un monument presque en ruines qui obstruait toute la rue Vaillant, alors ancien cimetière et ne laissait pour aller à Saint-Michel qu'une étroite ruelle. On descendait de nombreuses marches pour y entrer, par suite du lent exhaussement du sol du cimetière.

L'église conservait les reliques du saint évêque de Noyon, dont on portait processionnellement la châsse pour obtenir de la pluie. Cette châsse datait de la fin du XIIIe siècle; elle avait été faite par les soins du légat Jacques de Vitri.

Plus humble encore était l'église Saint-Vincent. Dès la fin du XIVe siècle, ce n'était plus qu'une pauvre chapelle, elle devint rapidement un oratoire sans dotation où l'on célébrait de temps en temps la messe.

Sur la masse sombre de ces édifices se détachait toute blanche l'abside de Saint-Michel, qui était depuis peu terminée.

Comme la plupart des églises dijonnaises, Saint-Michel était située hors du castrum ; elle dépendait de Saint-Etienne qui la faisait desservir par des chanoines.

Vers 1015, l'abbé Garnier de Mailly l'avait fait rebâtir et, l'incendie de 1137 l'ayant fort endommagée, on l'avait alors en partie reconstruite, en partie réparée. Ses bas côtés en particulier étaient en bois. Nous avons un dessin représentant l'ancienne église. Ce devait être un assez pauvre édifice à trois nefs terminées par une triple abside et couronné d'une tour centrale.

En 1495, les paroissiens réunis dans le cimetière qui l'entourait en décidèrent la reconstruction. Elle fut conduite de façon assez rapide, grâce aux générosités d'Henri Chambellan et de sa femme Alix Berbisey, dont les largesses payèrent le chœur et le transept sud ; on put consacrer l'église en décembre 1529.

Au moment du Siège, le portail n'existe pas encore, il ne fut achevé qu'en 1537 avec le produit de quêtes. Longtemps la façade fut réduite au pignon central, les tours ne dépassant pas la délicate galerie que vous connaissez. C'est ainsi que la dessina Israël Sylvestre ; il semble bien avoir ajouté sur le côté une petite rotonde qui n'a probablement jamais existé. L'exactitude n'est pas la qualité dominante des dessinateurs et des gravures d'alors. On ne trouve, en effet, pas de trace d'une telle construction. Si elle avait existé, à quoi servait-elle ? Peut-être, dit Baudot, était-ce une sacristie.

Les tours ne furent terminées qu'à la fin du xviie siècle, et la coupole qui devait couronner la croisée des nefs ne s'éleva jamais. C'est à coup sûr regrettable. On a retrouvé, au début du xixe siècle, un dessin donnant la vue de cette coupole double entourée d'une rangée de pilastres qu'auraient surmontés des aiguilles de pierre, semblables à celles qui couronnent la façade. Ajoutez un dôme portant une figure peut-être tournante de saint Michel et vous aurez une idée de ce projet qui eût si heureusement complété l'église.

Comme dans tous nos édifices religieux, les vitraux ont disparu et les débris ont servi à faire des bordures dont la seule utilité est de nous mieux faire regretter la perte de l'ensemble.

Tout ce groupe de constructions que nous venons de visiter est certainement ce qui, de toute la ville, souffrit le plus du Siège.

Vous pouvez encore voir, contre le mur de droite du transept sud, la trace des boulets suisses. Les contreforts avaient été complètement rasés, et lorsqu'on restaura l'église, vers 1890, on put se rendre compte de la façon hâtive et légère avec laquelle les dégâts avaient été réparés.

Jusqu'au début du XIXe siècle, un boulet resta engagé dans la plaie qu'il avait ouverte ; ce furent deux couvreurs qui eurent la malencontreuse idée de l'expulser du logement qu'il occupait depuis tant d'années.

Le tir des assiégeants semble avoir été assez précis ; je n'en veux pour preuve qu'un passage du récit de Tabourot : « Le dimanche onzieme de septembre ; à la sortie de « la messe de Monsieur Sainct Médard, est passé un « boulet de fer, gros d'environ deux pieds de tour, parmy « le toict de Sainct-Etienne du costé de Sainct-Michel qui « a rompu au long la ferme de la fenestre du pignon du « costé de Sainct-Vincent, et rompu l'une des jambes du « clocher de Sainct-Médard, et tombé audict Saint-Vin- « cent ; et demi heure après un semblable ou environ, « quatre pieds plus bas. »

Je ne voudrais pas quitter cette partie de la ville sans vous parler de la « Maison aux singes ».

On a dit de façon fort exacte que le vicomte-maïeur ressemblait aux puissants bourgmestres des villes libres d'Allemagne.

Il est élu pour un an, sur le cimetière Saint-Bénigne, devant le porche de Saint-Philibert ; il est entouré des échevins. A l'origine, il n'y a pas d'hôtel de ville ; on se réunit et on délibère un peu au hasard des couvents dont on accepte l'hospitalité, mais le plus souvent aux Jacobins.

Aussi la ville acheta, en 1350, la maison Géliot, dite Maison aux singes, du nom des sculptures qui l'ornaient. Les services municipaux y sont fort à l'étroit ; la ville a le malheur d'avoir pour voisin un fort grand seigneur, Guy de la Trémoïlle, qui envie le jardin de la Maison aux singes pour augmenter le sien. Il n'est pas facile de lui résister, et la ville abandonne le peu d'espace sur lequel elle pouvait compter s'étendre.

Entassées dans un espace fort restreint, il y a la Chambre du conseil et la Chambre des comptes séparées par un long couloir de la salle d'Audience appelée l'Auditoire. Celle-ci est meublée de façon luxueuse, aux fenêtres armoriées, aux hautes chaises à dossiers sculptés. N'oublions pas que le vicomte-mayeur a droit de justice haute et basse. Comme corollaire, il y a les prisons qui ne sont rien moins que confortables, et dans un coin une salle de torture, on disait une salle pour donner la question.

C'est une forme de l'instruction criminelle que le Moyen-Age emploie sans parcimonie ; il ne se perd pas, comme notre siècle, en vaines théories pénitentiaires, plus ou moins sentimentales.

Lorsque l'occasion s'en est présentée, la ville s'est empressée de quitter un local aussi étroit. En 1501, elle a acheté l'hôtel Rollin, les archives actuelles, et y a transporté les services municipaux. Ils devaient y rester jusqu'en 1851.

Nos échevins quittaient d'autant plus volontiers le premier hôtel de ville qu'à tous les inconvénients que je vous ai signalés s'en ajoutait un tout particulier et qui vous permettra de voir de plus près l'esprit du Moyen-Age.

La Maison aux singes, qui avait d'un côté le voisinage gênant d'un grand seigneur, avait, de l'autre, un fief appartenant à un certain Jean Bouféal, et qui était situé sur l'emplacement actuel de la rue Chabot-Charny. Or ce fief était un lieu de franchise avec toute l'étendue que cette expression comportait alors. Impossible d'y faire passer les prisonniers. On devait faire des détours par un long couloir, ou peut-être par une porte donnant rue du « Petit-Pautet ». Peu d'années avant le Siège, la ville avait pu obtenir de l'évêque de Langres le droit pour dix ans de faire passer les prisonniers, l'immunité étant respectée.

Vous savez que, par la suite, la ville vendit la Maison aux singes à la famille de Xainctonge.

Le Palais de justice n'existait point alors, ou plutôt il était réduit à la Chambre des comptes. Le nouveau Parlement était encore ambulant, siégeant tantôt à l'Hôtel de ville, tantôt à la Chambre des comptes. Ce fut Louis XII qui lui concéda une portion du vaste pourpris de Messieurs des Comptes pour y élever une demeure digne de cette institution.

L'ancienne église Saint-Pierre, placée beaucoup plus haut que le monument actuel, n'était en rien comparable à la belle église de village qui existe aujourd'hui.

Je ne veux pas manquer de vous y signaler une confrérie qui tient une place dans l'histoire de notre province par le rang des personnes qui en firent partie, la confrérie, de saint Antoine, à la tête de laquelle étaient les ducs et les duchesses de Bourgogne.

Pendant les guerres de religion, c'est à Saint-Pierre qu'on garda la belle croix-reliquaire de Rouvres, l'un des plus précieux joyaux que l'art du Moyen-Age ait laissé en Bourgogne.

Je voudrais maintenant vous conduire vers un autre groupe de monuments qui fait en quelque sorte pendant à celui que nous venons de visiter : Saint-Jean, Saint-Philibert, Saint-Bénigne.

Nous nous y rendrons par la rue Saint-Pierre, qui s'appelait alors rue d'Auberive, du nom de l'abbaye qui y avait son hôtel, et, pour gagner le quartier de « La Chrétienté », autrement dit de Saint-Jean, nous traverserons une partie du Dijon d'alors, qui n'est rien moins que chrétienne, c'est la grande-juiverie, rue Poulaillerie, rue Piron actuelle.

Dès 1196, il y a des juifs à Dijon ; ils ont, comme dans toutes les villes du Moyen-Age, un quartier réservé. Ils en ont même deux, puisqu'ils occupent aussi la partie supérieure de la rue Buffon. C'est là qu'était leur cimetière donné par Eudes IV, en 1338, à l'abbaye de la Bussière, qui y édifia un hôtel.

Les juifs enterrèrent alors leurs morts hors de Dijon, près des baraques de Gevrey.

Rapidement la communauté israélite devint prospère ; il suffit, pour s'en convaincre, de voir au Musée archéologique la somptueuse épigraphie des stèles retrouvées en grand nombre.

Alors que les princes et les rois les bannissaient de leurs terres, un duc de Bourgogne, Robert II, leur avait, en 1303, offert l'hospitalité. Il est vrai que, dans la suite, par un retour des choses, Philippe le Hardi les expulsait, six ans après les avoir laissé rentrer à prix d'argent.

L'église Saint-Jean avait été primitivement un baptistère fondé par saint Urbain, il était à cette époque hors du castrum. On rapporte que Chramne, fils révolté de Clotaire, ayant trouvé les portes de la ville fermées et voulant interroger le destin, entra à Saint-Jean. Selon l'usage du temps, il ouvrit au hasard les saints livres et mit le doigt sur un verset; de son sens on déduisait la réponse sollicitée.

Au XVe siècle, Saint-Jean était la plus riche paroisse de la ville; on disait, en manière de dicton : « Riches de Saint-Jean ».

L'église était bien vieille et bien caduque ; elle datait des environs de l'an mille. Notons en passant que les prétendues terreurs de l'an mille n'ont jamais existé, les développements qu'elles ont suggéré doivent être relégués au magasin des vieux accessoires de mélodrame.

En 1444, les paroissiens votèrent la reconstruction du vieux sanctuaire. Comme il était riche en monuments funéraires et en pierres tombales, on les déménagea, durant les travaux, dans une petite chapelle située alors rue Berbisey, connue sous le nom de Chapellotte ou chapelle aux Riches, fondée en 1182 par Dominique le Riche.

Une paroisse dont la fortune était proverbiale ne pouvait laisser traîner la reconstruction de son église; aussi, dès 1478, le nouveau Saint-Jean était consacré.

Les monuments transportés à la Chapellotte ne revinrent pas tous, mais on ne manqua pas de replacer sur l'autel le beau retable qu'un des plus opulents paroissiens d'alors, un Liégeard, dont la famille tient par des fibres si profondes à l'histoire de notre ville, avait fait sculpter par Jean de la Huerta.

Restituons à l'église l'aspect qu'elle avait alors avec ses tours, ses flèches, ses vitraux du chœur représentant les ducs de Bourgogne, son trésor qui renfermait d'admirables pièces, notamment les livres qui avaient, disait-on, servi à l'épreuve de Chramne.

Chaque année à la Saint-Jean flambait sur la place une joyeuse foulière, sorte de feu de joie, à laquelle Henri IV participa en 1596. Jusqu'au milieu du XVIe siècle, la foule envahissait ensuite l'église en dansant et en chantant. C'était « le Rondot » que le Parlement dut interdire.

La Révolution est passée sur la pauvre église, dilapidant le trésor, emportant les flèches, sans même s'arrêter à l'offre faite par un citoyen de transporter celle de la croisée à Saint-Michel. Un peu plus tard, le vent de destruction emporta même l'abside pour la plus grande joie du maire d'alors, M. Durande, qui put enfin voir clair dans sa salle à manger !

Saint-Philibert, la vieille église romane, projetait

alors dans le ciel son clocher tout flambant neuf, tel que nous le voyons aujourd'hui avec en plus la patine des années et la pomme de rampe d'escalier dont les restaurateurs modernes l'ont dotée en guise de couronnement.

L'ensemble de ce grave spécimen du roman bourguignon n'a guère changé, sauf le chœur emporté par l'élargissement de la rue des Novices, le porche muré et quelques adjonctions du xviie siècle.

Durant les jours sombres du Siège, les Dijonnais s'étaient portés en grand nombre au tombeau de saint Bénigne, qui était resté, à travers les malheurs du temps, un foyer de ferveur et de piété.

Malgré son pouvoir temporel immense (l'abbé de Saint-Bénigne avait droit de nomination sur vingt-sept prieurés et trente-neuf cures), le monastère n'avait plus l'influence, l'ascendant moral qui, au temps de l'abbé Guillaume, l'avait rendue célèbre dans toute la chrétienté.

Les bâtiments d'alors, ceux que nous voyons encore aujourd'hui et qu'avait élevés l'abbé Hugues d'Arc, n'avaient pas non plus l'ampleur de la basilique romane de l'abbé Guillaume.

Ce qui donnait à la vieille construction son caractère particulier, c'était le large escalier s'enfonçant dans les profondeurs de la nef vers l'église souterraine en forme de T, que, du nom grec de cette lettre, on nommait le Tau. Tout cela était d'une excessive hardiesse. Une nuit de janvier 1271, la tour centrale s'était écroulée, rompant les voûtes de l'église souterraine qu'on ne pût rétablir.

Du moins la Rotonde s'ajoutait à l'abside de l'église actuelle, avec laquelle elle ne faisait plus corps. Construite dans le style dit lombard, elle était à peu près unique, avec sa double rangée de colonnes, le tombeau du saint dans la demi-obscurité que trouait la lueur des lampes, et, de l'autre côté, l'antique chapelle Saint-Jean, contemporaine peut-être des premiers chrétiens bourguignons. Vous connaissez ce qu'il en reste. La Révolution a tout détruit, en quelques mois, comblant ce qu'elle ne pouvait déraciner.

En 1506, la flèche avait été frappée par la foudre et incendiée; mais l'abbé Claude de Charmes l'avait bien vite réédifiée plus haute et plus aiguë.

L'intérieur était tout différent du vaisseau froid et clair que nous voyons.

Un jubé portant les orgues fermait le chœur. Nos pères avaient trop le sens du beau pour empâter leur nef d'une lourde tribune que surmonte un orgue masquant la rose. Le Moyen-Age a édifié des tribunes, mais il les a faites aériennes, délicates et légères. Ce n'est pas lui qui aurait eu l'idée de sculpter David et sainte Cécile, assis sur un plan incliné, se tortillant, faisant des grâces, pour nous persuader qu'ils sont parfaitement à leur aise.

L'autel était entouré de colonnes de cuivre surmontées d'anges portant des flambeaux.

Il y avait certainement des stalles, mais on commençait à les trouver vieilles et d'une mode antique. En 1529, l'abbé Frégose, une des grandes figures de l'Eglise au XVIe siècle, passa marché avec Jean Boudrillet, originaire de Troyes, établi à Dijon, pour en faire de nouvelles. Vous savez que cet artiste devait être le beau-père de Hugues Sambin.

Le trésor de l'abbaye était alors complet. Sans doute, les pièces d'orfèvrerie données par le roi Gontran avaient disparu : vendues par l'abbé Guillaume pour distribuer du pain aux pauvres durant une famine; mais au moment du Siège, le trésor était si riche que l'inventaire de 1519 donne la description de près de quatre cents numéros. Pour payer la contribution de deux mille livres réclamées à Saint-Bénigne pour sa part de la rançon, on dut vendre plusieurs pièces. En 1562, cet admirable ensemble devait disparaître pour alimenter les finances royales.

La bibliothèque fort riche, elle aussi, eut le même sort, vers la fin du XVIe siècle : elle disparut dans des conditions qui ne sont pas bien précises.

Autour de l'église se groupent les innombrables bâtiments claustraux ; ils comprenaient un beau cloître qui, dans le courant du xve siècle, avait été recouvert et orné de peintures.

Sur tous ces trésors d'art, le carillon que vous connaissez, dont la jolie chanson triste s'harmonise si bien avec la mélancolie des soirs d'automne, le vieux carillon séculaire égrenait déjà sa délicate mélodie.

Les voisins de Saint-Bénigne, les Chartreux, avaient déserté leur couvent et s'étaient, comme on dit, « venus retraire en leur maison du Miroir », moitié forteresse, moitié hôtel. Ils n'avaient pas manqué d'amener avec eux leurs meubles les plus précieux.

Les Suisses s'étaient installés à la Chartreuse où restait seul le vénérable prieur Dom Victor Dei, comme un capitaine sur son navire au moment du naufrage.

Le couvent souffrit fort du Siège.

Dans les préparatifs de défense, il avait dû déférer aux réquisitions de toute nature, fournir cinq cents livres, du blé, du vin.

Les Suisses mirent le couvent en état de défense, éventrant les murs, commettant d'innombrables déprédations. Comme l'état-major des Ligues s'est installé dans les bâtiments conventuels, ceux de la ville ne craignaient pas de prendre les Chartreux pour cible, autre cause de dégats.

Lorsqu'on réunit les premiers fonds de la rançon remise aux Suisses avant leur départ, les Chartreux fournirent quatre cents écus et par la suite on les taxa à deux mille livres.

Nous avons conservé la requête du prieur à La Trémoïlle pour obtenir remise de cette somme, elle est naïve et simple, et surtout elle part bien du cœur d'un bourguignon.

Sans doute, les récoltes ont été enlevées, les murs détruits, mais ce qui est bien plus grave, les vignes ont été saccagées et on « auroit bien fait soixante queues de vin ».

La Trémoïlle ne pouvait guère être insensible à de tels arguments, les deux mille livres furent réduites à douze cents.

Le Saint-Denis des ducs de Bourgogne était alors dans toute sa splendeur artistique. Vous savez quel fut le rayonnement de ce foyer d'art burgondo-flamand, si célèbre dans toute la chrétienté que des indulgences étaient accordées à ceux qui venaient faire leurs dévotions au puits des prophètes.

L'église, longue de soixante-deux mètres, large de treize, ne ressemblait en rien à la chapelle moderne.

Un verrier de Malines avait fait les vitraux ; Nicolas Joset, canonnier du duc, avait fondu en cuivre la grande croix, les colonnes de l'autel et le lutrin fait d'un aigle porté par trois lions.

Vous parlerai-je des tombeaux, des retables aujourd'hui au musée, ces derniers restaurés de façon vraiment inclémente. Qui d'entre vous ne connaît le beau portail dont un romantique pouvait dire que c'était un joyau à pendre au cou d'une cathédrale.

La fine tourelle d'escalier encore debout conduisait à la chapelle ducale, toute lambrissée et pourvue, ainsi que je vous l'indiquais, d'une cheminée.

Tout à côté de la tourelle, le puits que nous voyons encore, avec son double escalier, était au centre du petit cloître.

Entouré de vingt-quatre petites maisons indépendantes ayant chacune un jardinet selon la règle des chartreux, le puits de Moïse, au milieu du grand cloître, jaillissait d'un bassin d'eau claire.

Bien peu de choses ont échappé à la ruine de ce somptueux ensemble, et cependant ce peu suffit à faire de la Chartreuse une des bornes jalonnant la grande route de l'histoire de l'art de tous les temps et de tous les pays.

Nous voici parvenus au terme de notre course et mes dernières paroles doivent être pour m'excuser d'avoir été à la fois aussi long et aussi incomplet.

L'histoire monumentale de notre ville est un monde, elle ne tient pas plus en un in-folio qu'en une heure de causerie.

Pour vous donner une idée à peu près exacte de la ville, j'aurais dû vous entretenir encore des vieux hôtels et des couvents. Ce sont là deux aspects particuliers de notre cité.

Ce qui donne au Dijon d'aujourd'hui son cachet, ce sont les vieux hôtels qu'élevèrent les parlementaires au XVIIe siècle. Au début du XVIe siècle, le Parlement est encore tout récent, peu nombreux, il va peu à peu se développer en nombre et en puissance, et il deviendra, par la suite, une classe à part, plus fermée, plus hautaine, plus inaccessible encore que la noblesse d'épée.

Au début du XVIe siècle, les beaux hôtels, les riches demeures appartiennent aux marchands. Visitez les vieux logis de la rue des Forges, de la rue Musette, c'est une marque de commerce que vous trouvez sculptée aux clefs de voûte, le double quatre. C'est de ces hôtels que sortirent les premiers parlementaires. Longtemps ils avaient pu prendre la devise de l'un d'eux : un cadran, où chemine une aiguille, entourée de ces mots : « J'attends mon heure ».

Avec le nouveau Parlement leur heure était venue.

Quant aux couvents, il n'y avait encore que des monastères d'hommes, — les Dominicains, établis en 1237, par Alix de Vergy, avaient édifié une grande et belle église, — les Cordeliers, que le cardinal d'Amboise avait réformés dix ans avant le Siège, avaient une église du XIVe siècle riche en belles tombes. La municipalité s'intéressait particulièrement aux Carmes établis rue Crébillon, alors rue Gauche ; en 1512, elle venait de leur donner une subvention pour agrandir leur église, édifiée grâce aux libéralités de Jacques Germain, bourgeois de Cluny, dont la tombe est aujourd'hui l'une des belles pièces de notre musée.

S'il fallait me résumer d'un mot, je dirais que 1513 est un tournant de l'histoire de notre ville.

Un art nouveau se forme, une société nouvelle se développe, et, pour la première fois, on entamera le pourpris des abbayes. Après le Siège, les faubourgs ne furent pas immédiatement reconstruits ; on céda aux habitants des terrains en bordure des vastes jardins qui entouraient les couvents et c'est là qu'ils édifièrent leurs nouvelles demeures.

On ne peut pas nier que les événements que nous commémorons ne soient une des grandes dates de notre histoire. Dijon au pouvoir des Ligues, c'était la route de Paris ouverte, c'était la France envahie.

Dira-t-on que le Siège ne fit aucune victime? Cela m'importe peu. Il ne faut pas mesurer la gloire d'un fait historique au nombre de cadavres qu'il a entassés, la quantité de sang qu'il a répandu.

Les Suisses ne s'attendaient point à rencontrer à Dijon une telle résistance, l'opiniâtreté de ses défenseurs, leur habileté diplomatique, avec l'intercession de Notre-Dame de Bon-Espoir, avaient sauvé la France.

C'est pourquoi les journées du Siège doivent être comptées au nombre des jours les plus fameux de l'histoire de la Bourgogne.

M. le Président félicite ainsi l'orateur :

Monsieur, je suis heureux de pouvoir vous affirmer que nous vous sommes tous reconnaissants de votre excellente conférence.

Les Causes de l'Invasion de 1513

QUATRIÈME CONFÉRENCE

PRÉSIDÉE PAR

M. le Dr PINGAT

Conseiller municipal

ET PRONONCÉE PAR

M. POISOT

Avocat à la Cour d'Appel et Bâtonnier de l'Ordre

le 23 Octobre 1913

M. le Président ouvre la séance et dit :

Mesdames, messieurs,

Je n'ai point à vous présenter, en ouvrant ce soir la séance, le conférencier qui va vous entretenir. Tous les dijonnais connaissent, en effet, M. Poisot, bâtonnier de l'ordre des avocats de Dijon.

Tous connaissent son esprit fin et chercheur et sa grande érudition, qui n'a d'égale que sa grande modestie. Je suis donc certain qu'il va vous charmer et je ne peux que féliciter M. le chanoine Thomas de lui avoir demandé une conférence.

Du reste, nous constatons avec grand plaisir que les fêtes du Centenaire de la délivrance de Dijon sont très réussies et très suivies. C'est tout à l'honneur de M. le chanoine Thomas que nous connaissions comme un fin lettré et en qui nous découvrons un organisateur de premier ordre. Je ne veux pas, mesdames et messieurs, vous faire languir, ni retarder le plaisir que vous allez avoir à entendre M. Poisot, et je lui donne la parole,

Conférence de M. Poisot

Mesdames, messieurs,

J'ai aujourd'hui pour mission de vous indiquer à grands traits les causes qui amenèrent les Suisses sous les murs de Dijon, il y a 400 ans.

La recherche de ces causes me force à remonter à une cinquantaine d'années en arrière, c'est-à-dire à la fin du XVe siècle.

Ce fut un temps rude et barbare. Les guerres étaient incessantes, la vie humaine comptait peu, les villes étaient prises d'assaut et pillées, leurs habitants massacrés, le meurtre et l'empoisonnement étaient des moyens ordinaires de gouverner. A côté de la force brutale régnait la ruse : tromper son adversaire, acheter secrètement ses partisans ; promettre, puis violer son serment ; c'étaient là choses communes et qui n'étonnaient personne.

Le sentiment des nationalités qui allait se développer au XVIe siècle, naissait à peine. Par suite des traditions féodales, chaque province semblait la propriété de son seigneur, il en disposait, à titre onéreux, comme à titre gratuit, pour se procurer de l'argent ou des alliances. Les mariages notamment étaient un grand instrument d'acquisition de villes et de seigneuries, et les dots, aujourd'hui comptées en chèques ou en titres, l'étaient autrefois en peuples. Ceux-ci payaient toujours les impôts ; peu leur importait la personne du créancier, pourvu que celui-ci jurât de conserver les chartes et les privilèges qu'ils avaient acquis avec leur sang ou avec leur argent.

Beaucoup d'hommes n'avaient d'autre profession que de combattre au profit de celui qui leur donnait le plus d'argent et ils grossissaient leur solde, souvent mal payée, par le vol et le pillage.

La foi religieuse était alors très vive : elle régnait en maîtresse, au point de vue social, elle était la lumière de la vie des humbles et, en même temps, leur force. Mais, à part de saintes ou d'éminentes personnalités, elle était trop souvent déformée par la superstition, et au lieu des sentiments de justice et de miséricorde qu'elle aurait dû inspirer, elle n'empêchait ni le crime ni la fourberie. Il est vrai qu'au moment de la mort on les voyait, ceux qui n'étaient pas surpris par elle, rendre hommage aux vertus qu'ils auraient dû pratiquer pendant leur vie.

I

A cette époque, se détachait, dans notre pays, la figure de deux hommes qui, en lutte presque perpétuelle, synthétisaient assez bien leur temps, quoique fort différents l'un de l'autre. Je veux parler de notre dernier duc, Charles le Guerrier, appelé plus tard le Téméraire, et du roi de France, Louis XI.

Chacun d'eux jetait de profonds regards sur l'avenir et cherchait l'agrandissement de ses possessions. Charles rêvait la reconstitution de l'antique royaume de Bourgogne; Louis voulait une France plus grande, mais la manière de réaliser leurs rêves était bien différente.

Le duc de Bourgogne était par nature, juste, loyal, sobre, rude, mais bon, surtout pour les petites gens : son orgueil, son désir de puissance et son ardeur de guerrier le rendirent cruel et sa colère le conduisit aux plus grands excès. Le faste élégant de la cour de Bourgogne, la plus artistique de toutes les cours d'Europe, se joignit aux dépenses de guerre pour ruiner son peuple.

La nature de Louis XI était tout autre. Il n'allait jamais au but par des voies droites, mais cherchait toujours la ruse et les combinaisons secrètes. Peu lui importaient les moyens, pourvu qu'il réalisât ses desseins.

Il cherchait à acheter les amis de ses adversaires, pour les déterminer à les trahir, parfois à les assassiner. La dissimulation était son grand instrument de règne. Un jour qu'on lui reprochait de ne pas faire apprendre le latin au Dauphin, qu'il tenait loin de lui, sans s'occuper de son éducation, il répondit : je veux qu'il n'en sache pas d'autres paroles, si ce n'est : *qui nescit dissimulare, nescit reguare* ; c'est tout ce qu'il faut de latin à un prince. S'il éloignait son fils de lui, probablement par crainte, il n'aimait guère mieux ses filles et il tenait le beau sexe en petite estime. La princesse Jeanne, fort laide, n'osait paraître devant son père. La princesse Anne, un jour, fut appelée par un seigneur « la dame la plus sage du royaume » : dites « la moins folle, répliqua le roi, car de femme sage il n'en est point ». Il n'était donc pas meilleur père qu'il ne s'était montré bon fils. Il fut fortement soupçonné d'avoir empoisonné son frère le duc de Guyenne, et un historien dit à ce sujet : « Le roi Louis XI ne fit peut-être pas mourir son frère, mais personne ne pensa qu'il en fût incapable ».

Dans les derniers temps de sa vie, la terreur d'un attentat sur sa personne, le conduisit à toutes les cruautés. Autrefois brave à la guerre, il vivait dans une crainte perpétuelle, enfermé au Château de Plessis-les-Tours devenu une forteresse redoutable, seul avec quelques familiers de bas étage, dont il aimait à s'entourer, il faisait pendre aux arbres des environs ceux qui s'approchaient de sa demeure, les maisons voisines servaient de prisons pour les passants qu'on arrêtait et qu'on torturait ; et parfois le roi, caché derrière quelque porte, prenait plaisir à leur voir donner la question.

Sa religion elle-même sentait la ruse : et traitant les saints comme il faisait des hommes, il les comblait de cadeaux pour acheter leur amitié.

Tels étaient les deux hommes qui se trouvaient aux prises, l'un avec l'autre, depuis plus de dix ans, lorsque le 9 janvier de l'année 1477, Louis XI apprit la mort de son rival, tué au siège de Nancy, peut-être grâce à la trahison de Campo-Basso acheté par le roi. Non seulement l'ennemi le plus redoutable de Louis XI était mort, mais l'occasion était belle pour s'emparer de ses provinces. Le duc ne laissait qu'une fille, la princesse Marie, âgée de vingt ans, sans secours et sans armée.

Aussitôt Louis XI écrivait aux bonnes villes de Bourgogne afin d'arriver à la réunion tant désirée ; il employait dans ce but bien des arguments différents :

C'était d'abord le droit de retour de l'apanage à la couronne faute d'héritier mâle. La duchesse n'aurait eu aucun droit à l'héritage de son père, mais cette question de droit était obscure, il semblait, au contraire, que cette loi des apanages ne dût pas s'appliquer au duché de Bourgogne, encore moins à la Comté ; d'ailleurs, en fait, il existait un héritier mâle, Philippe, comte de Nevers, petit-fils de Jean-sans-Peur.

Ensuite le roi invoquait le droit de garde noble déclarant que *Mademoiselle de Bourgogne étant sa proche parente et sa filleule, il voulait de toutes façons garder son droit, comme le sien propre.* Ces derniers mots dans un écrit de Louis XI pourraient bien être une cynique ironie. Enfin, pour toucher les intérêts personnels, il promettait aux Bourguignons de *pourvoir à leurs demandes de façon qu'ils en seraient contents.* Ces arguments écrits étaient appuyés par l'entrée en Bourgogne de M. de Craon, de Charles d'Amboise, du prince d'Orange et de l'évêque de Langres avec sept cents lances.

Les Etats de Bourgogne qui, contrairement à ceux de France, s'assemblaient d'office, dans tous les cas graves, délibéraient déjà sur ce qu'il y aurait lieu de faire.

Voyant l'intervention armée de Louis XI, ses bonnes paroles relatives à la condition future des Bourguignons, sachant Marie de Bourgogne presque prisonnière des Gantois, sans argent, sans secours, les Etats consentirent à ce que le roi eût sous sa main le duché *pour le tenir selon le droit qu'il y avait ou pourrait avoir*. Il le supplièrent humblement de garder et d'entretenir tous les droits de sa proche parente et filleule, sur la promesse de faire sortir les gens de guerre de la province, de maintenir chacun dans ses charges et dignités, de n'exercer aucune poursuite contre ceux qui auraient pris le parti du duc et d'annuler tous les impôts établis depuis la mort de Philippe le Bon.

Jusqu'après cette reconnaissance, point de nouvelles de la duchesse Marie. Louis XI, qui avait inventé la poste, avait probablement inventé aussi le cabinet noir, son accessoire inséparable. Ce n'est qu'après l'arrangement que l'on reçut une lettre de Gand, datée du 23 janvier, dans laquelle la princesse proteste contre la réunion de l'apanage à la couronne et demande aux gens du Conseil et des Comptes de se *disposer à tenir le pays en son obéissance*. Il était déjà trop tard. Néanmoins, après cette lettre, le prince d'Orange, qui était un des quatre commissaires du roi Louis XI, reconnut les droits de la jeune duchesse et rentra en Comté pour remettre cette province sous son obéissance.

D'autre part, la population de Dijon, qui n'avait ni place à conserver ni honneurs à attendre, ne se soumit pas si volontiers que les bourgeois et les seigneurs. Le 26 juin, une révolte éclata, conduite par un épicier. Les émeutiers s'emparèrent de la tour Saint-Nicolas, ils brisèrent la bannière française et, précédés d'un hérault portant les armes bourguignonnes, ils allèrent demander aux gens du Conseil de reconnaître la duchesse Marie. Le premier président, Jean Jouard, résista courageusement à cette révolte. Il fut poignardé dans la rue Saint-Pierre. Mais cette sédition n'eut point de lendemain : les émeutiers gagnèrent la ville d'Auxonne, soumise à la duchesse;

ceux qui n'eurent pas le temps de s'esquiver furent décapités ; le corps du malheureux épicier fut exposé par quartiers aux quatre principales portes de la ville.

II

Malgré cet écrasement de la rebellion, Louis XI, qui essayait par lui-même de reprendre l'Artois et la Picardie de vive force, songea à un autre moyen d'annexion qu'il avait depuis longtemps en tête, le mariage du Dauphin avec la duchesse de Bourgogne.

Les fidèles conseillers de la duchesse Marie étant venus de Gand à Péronne pour traiter de la paix, le roi essaya d'abord de les gagner ; n'y parvenant pas, il parla du mariage qu'il désirait. Les ambassadeurs firent toutes réserves et retournèrent à Gand. Mais le bruit de cette négociation se répandit, et les Gantois, les véritables maîtres de Marie, vinrent aussi trouver Louis XI pour savoir à quoi s'en tenir. Celui-ci profita de l'entrevue pour exciter l'animosité des bourgeois de Gand contre la première ambassade. Il y réussit si bien qu'à leur retour les Gantois se saisirent des ambassadeurs et les jugèrent sommairement. Les deux conseillers de la duchesse, qui avaient toujours servi fidèlement son père et lui donnaient aide et assistance dans son isolement, le chancelier Hugonnet et le sire d'Himbercourt, furent condamnés à mort. Je ne peux résister au désir de vous lire la lettre touchante du chancelier, écrite à sa femme, la veille de sa mort. Il donne à sa compagne le doux nom de sœur et s'exprime ainsi :

« A ma sœur Louise, dame d'Epoisses et du Saillant [1].

« Ma sœur, ma loyale amie, je vous recommande mon âme de tout mon cœur. Ma fortune est telle, que j'attends

---

[1]. DE BARANTE. *Histoire des ducs de Bourgogne*, t. XI, p. 48.

aujourd'hui mourir et partir de ce monde pour satisfaire au peuple, comme ils disent. Dieu, par sa bonté et sa clémence, leur veuille pardonner, et à tous ceux qui en sont cause de bon cœur je leur pardonne. Mais, ma sœur, ma loyale amie, je sens la douleur que vous prendrez de ma mort, tant à cause de cette séparation de notre cordiale compagnie que pour la honteuse mort que je vais souffrir, et le sort que vous et nos pauvres enfants en éprouverez. Ainsi donc, je vous prie et requiers, par toute la bonne et parfaite amour que vous avez pour moi, de vouloir présentement vous conforter et prendre consolation sur deux motifs : le premier, que la mort est commune à toutes gens, et plusieurs l'ont passée et passent en plus jeune âge ; la seconde, que la mort que je souffrirai est sans cause ; sans que j'aie fait, sans qu'on puisse trouver que j'aie fait chose pour laquelle je mérite la mort. Par quoi je loue mon Créateur qu'il m'accorde de mourir en cette sainte semaine et en ce glorieux jour qu'il fut livré aux Juifs pour souffrir sa passion tant injuste. Et ainsi, ma mie, j'espère que ma mort ne sera honteuse, ni à vous, ni à nos enfants. Pour ce qui est en moi, je la prends bien en gré, en l'honneur et l'exemple de notre Créateur, et pour la rémission de mes péchés. Quant aux biens, celui qui nous a fait la grâce de mettre nos enfants sur terre les nourrira et soutiendra selon sa sainte miséricorde. Pour ce, ma mie, réconfortez-vous ; et, autant que je suis, je vous le certifie, résolu et délibéré, moyennant l'aide et la grâce divine, de recevoir sans regret la mort, pour venir à la gloire du Paradis. Enfin, ma mie, je vous recommande mon âme et la décharge de ma conscience ; et tant sur cela que sur autre chose, j'ai prié mon chapelain de vous déclarer mon intention, et ajoutez-lui foi comme à moi-même. Adieu, ma sœur, ma loyale amie, je remets vous et nos enfants à la recommandation de Dieu et de sa Glorieuse mère. Ce jeudi-saint, que je crois être mon dernier jour. »

Cette lettre, qui est véritablement celle d'un saint, nous montre que, parmi les gens de cette époque, il existait encore des âmes loyales et chevaleresques.

Quelques heures après, les deux condamnés étaient amenés dans une charrette sur la place du marché, les membres tellement brisés par la torture qu'ils ne pouvaient se soutenir. Marie de Bourgogne, sortie à pied et vêtue de deuil, avait supplié en vain à l'Hôtel de Ville. Elle court au lieu de l'exécution, et, les larmes aux yeux, les cheveux épars, conjure le peuple en sanglotant d'avoir pitié d'elle et de lui rendre les vieux et loyaux conseillers de son père, les appuis et les tuteurs de sa jeunesse. Les assistants étaient émus, plusieurs se déclaraient pour elle, disant qu'*il fallait lui faire ce plaisir*. Mais ceux qui voulaient la mort pressèrent l'exécution, et la duchesse de Bourgogne vit jaillir le sang de ses deux chers serviteurs. On la ramena demi-morte chez elle.

III

Pendant ce temps, le roi continuait la conquête de la Flandre, mettant tout à feu et à sang, détruisant les villes, en chassant les habitants pour les remplacer par d'autres, donnant aux cités de nouveaux noms, comme il fit pour Arras qu'il voulait remplacer par une nouvelle ville nommée Franchise. Ne désespérant pas encore de conclure le mariage tant désiré, il ne craignit pas d'envoyer comme ambassadeur à la cour de Marie son barbier, Olivier le Daim. Un tel mandataire fut un objet de moquerie de la part de la cour et aussi des bourgeois de Gand. Ceux-ci, d'ailleurs, craignaient d'avoir pour maître un roi plus dur et plus cruel que tous les seigneurs qui les avaient domptés jusqu'alors.

Aussi la duchesse Marie disait-elle : *Le roi, mon cousin, me croit donc malade qu'il m'envoie son médecin ?*

Et sa gouvernante, Madame d'Halwyn, disait de cette alliance entre une jeune fille de vingt ans et un enfant de huit ans : « Mademoiselle est d'âge à avoir des enfants et non pas à en épouser un. » Quant aux Gantois, ils parlaient simplement de jeter Olivier le Daim à la rivière, de sorte qu'il s'enfuit précipitamment à Tournai.

Cependant, même au milieu de ses conquêtes, Louis XI ne manquait pas de prôner son projet de mariage. Ainsi, s'étant emparé de Quesnoi, il en fit assembler les bourgeois et leur tint ce petit discours empreint de bonhomie, mais qui n'était que ruse et mensonge :

« Mes amis[1], leur dit-il, si je viens en ce pays, ce n'est que pour votre plus grand profit et avantage, dans l'intérêt de Mademoiselle de Bourgogne, ma bien-aimée cousine et filleule. Personne ne lui veut plus de bien que moi, et elle est grandement abusée de ne point mettre en moi sa confiance. Parmi ses mauvais conseillers, les uns veulent lui faire épouser le fils du duc de Clèves ; c'est un trop petit prince et trop inconnu pour une si glorieuse princesse. D'ailleurs, je sais qu'il a un mauvais ulcère à la jambe ; en outre, ivrogne comme tous ces Allemands ; après boire, il lui cassera son verre sur la tête et lui donnera des coups. D'autres la veulent allier aux Anglais, à ces anciens ennemis du royaume, qui tous sont débauchés et gens de mauvaise vie. Enfin, il y en a qui veulent lui donner pour mari le fils de l'empereur. Ce sont les princes les plus avaricieux du monde. Ils emmèneront Mademoiselle de Bourgogne en Allemagne, dans un pays rude et étranger, où elle sera loin de toute consolation. Alors votre terre de Hainaut demeurera sans seigneur pour la gouverner et la défendre. »

Puis il ajoutait : « Si ma cousine était bien conseillée, elle épouserait le Dauphin : ce serait un grand bien pour

---

[1]. *Ibid.*, t. XI, p. 88.

votre pays. Vous autres Wallons, vous parlez la langue française, et il vous faut un prince de France, non pas un Allemand. Pour moi, je prise les gens de Hainaut au-dessus de toutes les nations du monde. Il n'y en pas de plus nobles ; et, selon moi, un berger de Hainaut vaut mieux qu'un grand gentilhomme d'un autre pays. »

Ensuite il leur parlait de tout le bien qu'il leur voulait faire. Il rappelait le temps du bon duc Philippe, ses glorieux faits, son sage gouvernement; combien il avait reçu de lui une généreuse hospitalité, et lui avait toujours gardé grande affection et reconnaissance. A chaque fois qu'il nommait le duc Philippe, il ôtait son chapeau, comme s'il eût parlé du bon Dieu, tant il savait le respect de tous les Flamands pour la mémoire de ce prince.

« Quant au duc Charles, son fils, disait-il, il a tout perdu par son orgueil et n'a jamais voulu écouter un bon conseil; aussi a-t-il été pris et détruit par le plus petit duc de mon royaume. »

C'était ainsi que le roi Louis devisait familièrement avec ces bourgeois, comme s'il eût mis en eux toute sa confiance et ne leur eût rien caché de ses pensées. Mais ces façons de parler et d'agir étaient trop connues ; elles ne gagnaient plus personne et ne guérissaient pas les méfiances de ces bons habitants du Hainaut. Toutes ces caresses et son langage, qu'il savait si bien faire tout à tous, ne lui profitaient à rien.

Il voulut faire agir aussi les seigneurs achetés par lui dans le Conseil de Marie de Bourgogne. Voici ses instructions. Si le sire de Launoi peut faire conclure cette alliance, lui et ceux qui s'en mêleront pourront tenir leur peine pour bien employée. Le roi les pourvoira de tels états et offices qu'ils voudront demander, avec une grosse et bonne pension.

Mais il était trop tard : Marie de Bourgogne répugnait à ce marché, et les Gantois cherchaient plutôt à se protéger contre Louis XI qu'à s'en rapprocher.

C'est dans ce but que l'on chercha, à Gand, à faire épouser à Mademoiselle de Bourgogne Maximilien, duc d'Autriche, fils de l'empereur Frédéric III. Cette union fut souhaitée par tous ; les Flamands voyaient là un défenseur contre les envahissements de Louis XI ; Marie trouvait un soutien puissant dans son abandon. Son père avait déjà projeté cette alliance. Aussi, lorsque les ambassadeurs impériaux arrivèrent, la jeune fille, sans prendre aucun conseil, répondit sans embarras qu'elle « *était délibérée à ne pas avoir d'autre mari que le fils de l'empereur* ».

Le duc Maximilien se mit aussitôt en route. Dès le jour de son arrivée, le 18 août, il rendit visite à Mademoiselle de Bourgogne. Les propos échangés durent être rares, car Marie n'entendait pas l'allemand et Maximilien ne savait pas le français. Mais, dit l'historien qui raconte ces détails, il était de noble contenance et d'aimable physionomie ; elle était remplie de jeunesse et de bonne grâce ; ils se plurent tout d'abord et n'eurent pas besoin d'interprète pour s'entendre. Les fiançailles se firent aussitôt, huit mois après la mort du duc de Bourgogne.

IV

C'est par le passage de l'héritière de Charles le Téméraire dans la maison d'Autriche qu'il faut expliquer les prétentions des impériaux à être maîtres de la Bourgogne, et leurs efforts pour diriger sur ce pays non seulement leurs propres forces, mais celles de leurs alliés.

Dès le 27 août 1477, Maximilien écrivait au roi de France pour lui réclamer les provinces de Marie de Bourgogne dont il s'était emparé. Ainsi, Louis XI avait échoué dans ses projets d'alliance, et, tout au contraire, le mariage de Marie de Bourgogne était devenu un nouveau brandon de discorde entre la maison d'Autriche et la maison de France.

La guerre continua donc et en Flandre et en Bourgogne, avec des succès divers. En 1479, alors que le sire d'Amboise s'était emparé de presque toute la Comté pour Louis XI, ce monarque se résolut à aller visiter Dijon et à jurer, à Saint-Bénigne, à la conservation des libertés de la Ville. Mais l'entrée du roi ne ressembla guère à l'entrée pompeuse et solennelle de Charles le Téméraire, en 1473, dont tous les Dijonnais se rappelaient la splendeur.

Le roi arrivant par Plombières, la Chambre de Ville avait fait décorer la porte Guillaume ; mais Louis XI craignant de traverser la ville, le soir, voulut entrer par la porte Saint-Nicolas, qu'on orna à la hâte. Au lieu de loger au centre de la ville, au palais ducal, son maître d'hôtel lui choisit, d'après ses instructions, l'hôtel de René de Masilles, écuyer, aujourd'hui hôtel de M. le comte du Parc, situé au bout de la rue du Chanet, qui formait l'extrémité de la rue Vannerie. Parcourant donc, depuis la porte Saint-Nicolas la petite rue du Chanet, au milieu de ses archers, le roi alla vivement s'enfermer dans son logis situé tout près de cette porte et de plus adossé au rempart. On dit même qu'une poterne permettait de gagner la campagne depuis l'hôtel. Pour permettre au roi de faire ses dévotions, la Chambre de Ville avait fait percer une porte dans le mur de l'église Saint-Nicolas, afin d'en rapprocher l'entrée du logis du roi. Louis XI, arrivé le 30 juillet au soir, reçut de la mairie 20 muids de vin et deux bœufs gras. Il jura le lendemain, à Saint-Bénigne, de conserver les privilèges de la Ville. Ne se trouvant pas en sûreté, malgré les précautions prises, il partit, le 3 août, pour Talant, ville jugée alors imprenable, après avoir visité les Chartreux en passant. En dépit de ses craintes, il fut frappé de la beauté des dames de Dijon. Qui s'en étonnerait? Il distingua, en effet, la veuve d'un gentilhomme, qu'il envoya quérir ensuite par un de ses valets pour l'établir à Tours.

V

Bientôt un événement inattendu se produisit, la mort de Marie de Bourgogne arrivée à la suite d'une chute de cheval, le 27 mars 1482, alors qu'elle n'avait que vingt-cinq ans. Elle laissait deux enfants vivants : Philippe, né en 1478, qui fut le père de Charles-Quint, et Marguerite, née en 1480, ayant alors deux ans. Aussitôt Louis XI reprit ses projets d'alliance; s'il n'avait pas pu marier son fils avec la mère, il pourrait peut-être le faire avec la fille. C'est par l'entremise des Gantois qu'il arriva à ses fins, leur promettant l'indépendance des Flandres. Tous les pays de langue française ayant appartenus au duc de Bourgogne, c'est-à-dire les comtés d'Artois, de Bourgogne, les seigneuries de Mâcon, Auxerre, Salins, Bar-sur-Seine et Noyers formaient la dot de Marguerite d'Autriche. Celle-ci devait venir en France pour être élevée par Anne de Beaujeu, fille du roi, ses Etats gouvernés au nom du Dauphin, et, si le mariage n'avait pas lieu, toute la dot devait faire retour à la princesse. Louis XI s'opposa absolument à ce qu'il fût parlé du duché de Bourgogne, il le considérait en droit et en fait comme déjà réuni à la France. Telles furent les conditions principales du traité d'Arras (que Louis XI s'entêtait à appeler Franchise), conclu en 1483, auquel les populations flamandes firent consentir à regret l'archiduc Maximilien.

Après sa ratification, Madame de Beaujeu alla chercher à Hesdin, en grande cérémonie, la jeune fiancée, en l'honneur de laquelle de grandes fêtes furent données. Le 2 juin, Mademoiselle d'Autriche entra à Paris, où on lui fit une réception magnifique. Entre autres représentations, quatre personnes montées sur un échafaud représentant le labourage, le clergé, le commerce et la noblesse chantèrent chacun un compliment à cette Dauphine de deux ans qui, paraît-il, accorda la délivrance à beaucoup de prisonniers, en signe de bienvenue.

Le 23 juin, les fiançailles furent célébrées à Amboise, en grande pompe, et la fiancée fut confiée à Anne de Beaujeu pour son éducation, suivant les clauses du traité.

Les provinces constituant la dot furent gouvernées au nom du Dauphin, et Louis XI, qui mourut quelques mois après, put penser qu'il avait à la fin de sa vie réalisé son rêve, la réunion à la France de la plus grande partie des possessions du duc de Bourgogne.

Mais ce n'était qu'une apparence. Charles VIII, après que Marguerite eut séjourné huit ans en France, la renvoya outrageusement à son père, ayant alors dessein d'épouser Anne de Bretagne. Il ne se pressait pas de rendre la dot, mais il y fut contraint par les incursions de Maximilien qui aboutirent au traité de Senlis, en 1493.

Grâce à l'omission du duché dans les provinces constituées en dot à Marguerite, celui-ci resta à la France, tandis que la Franche-Comté devint terre d'Empire jusqu'à Louis XIV. De là, le cri des mariniers de la Saône encore en usage aujourd'hui, qui, lorsqu'ils descendent cette rivière, crient France ou Empire, suivant qu'ils veulent faire approcher leur bateau de la rive droite ou de la rive gauche.

Cet outrage fut vivement ressenti en Allemagne. Maximilien voyait mépriser une alliance qui paraissait recherchée, quelques années plus tôt, pour se voir préférer celle d'Anne de Bretagne avec laquelle il avait lui-même contracté un mariage par procureur. Marguerite d'Autriche regretta toujours de ne pas être reine de France. Femme supérieure, aussi bien comme politique que comme artiste, elle épousa plus tard Jean, infant d'Espagne, qui mourut presque aussitôt ; puis Philibert, duc de Savoie, qui la laissa également veuve. Elle bâtit l'église de Brou en mémoire de son mari, se retira en Allemagne et fut chargée, en 1506, par son père, qui avait ceint le diadème impérial, de gouverner les Pays-Bas et la Comté.

Le père et la fille devinrent, de plus fort, les ennemis de la maison de France, et le duché de Bourgogne excita de plus en plus leur désir. Maximilien faillit réussir à le réaliser, en 1504, par le traité de Blois : Louis XII donnait en dot le duché de Bourgogne à la princesse Claude de France qui devait épouser Charles, petit-fils de Marie et de Maximilien et qui fut plus tard l'empereur Charles-Quint. Mais les Etats du royaume, ayant été convoqués par Louis XII, en 1506, refusèrent d'accepter ce traité, comme plus tard, lors de la bataille de Pavie, ils refusèrent de céder, une seconde fois, à Charles-Quint, ce même duché que l'empereur exigeait du roi pour prix de sa rançon. Cette intervention nette et précise des Etats nous indique les limites naissantes du pouvoir royal quant au démembrement du royaume et la constitution des nationalités basées sur le consentement des peuples.

Avec Charles VIII et Louis XII, nous entrons dans une autre phase de la lutte entre les deux maisons de France et d'Autriche, au sujet de la Bourgogne. La guerre est transportée en Italie par suite de la revendication du duché de Milan et du royaume de Naples.

Nous n'avons pas à décrire ces campagnes où Louis de La Trémoïlle joua un grand rôle et où la France fut tour à tour victorieuse et vaincue.

Vers 1510, il semble passer sur l'Italie le souffle national que nous avons constaté en France, en 1506. On voulait chasser les Français des terres italiennes ; le Pape Jules II, dont certaines possessions avaient été la proie de l'ennemi, dirigea le mouvement, ce qui lui donna une nouvelle force en lui faisant prendre un caractère religieux. Le Pape parvint ainsi à former la Sainte-Union, dans laquelle entrèrent tous les ennemis des Français : les Espagnols, les Anglais et tout naturellement aussi la maison d'Autriche.

VI

Au milieu de ces alliances, il était un peuple dont chacun se disputait l'appui. C'étaient les Suisses.

Les Suisses qui nominalement se reconnaissaient comme faisant partie du pays d'Empire, étaient en réalité indépendants.

Leurs différents cantons formèrent entre eux des Ligues qui sont devenues la Confédération helvétique. En 1315, s'alliaient Uri, Schwitz et Unterwalden ; vinrent ensuite se joindre successivement Lucerne, Zurich, Glaris, Zug, Berne, Fribourg, Soleure, Bâle et Schaffouse : soit, avant 1513, douze cantons.

Les hommes de ce pays étaient rudes et primitifs, mais excellents guerriers. Leur concours était très recherché. On l'obtenait de deux façons. Parfois on formait alliance avec les Ligues qui prêtaient leur aide à l'état de corps de nations, tantôt on recrutait individuellement des volontaires en quête de bonnes soldes, d'expéditions aventureuses et de pillage. Ceux-là étaient des mercenaires allant là où ils étaient le mieux payés et parfois ils se trouvaient adversaires dans une même bataille.

Les Ligues étaient autrefois alliées de la France, elles trouvaient ainsi une défense contre leurs puissants voisins, le duc de Bourgogne et l'empereur d'Allemagne. Ces alliances étaient en général renouvelées. Mais en 1509, le prestige de la Sainte-Union, l'ascendant spirituel et temporel du pape Jules II, les excitations d'un irréductible ennemi de la France, Matthieu Schinner, cardinal de Sion, les sollicitations de Maximilien et de Marguerite empêchèrent le renouvellement de nos anciens traités. Bien plus, en 1512, les Suisses entrèrent dans la Sainte-Union.

Après avoir été battus par Gaston de Foix, à Ravenne, ils prirent leur revanche, le 11 avril 1512, mirent La Palice en déroute, ramenèrent Maximilien Sforza à Milan et méritèrent d'être appelés par le pape « les Protecteurs de la liberté de l'Eglise chrétienne ».

En février 1513, Louis XII veut négocier à nouveau avec les Suisses. Il leur envoie, comme ambassadeur, Louis de La Trémoïlle, gouverneur de Dijon, dont on nous a raconté la vie d'une façon si intéressante. Il était accompagné de quatre autres fins diplomates. Ils essayèrent de renouveler l'ancienne alliance en répandant l'argent à pleines mains, et en en promettant davantage encore; mais les Suisses mirent comme condition l'évacuation de toute l'Italie par les troupes françaises, pour donner satisfaction aux droits du Saint-Siège et du Saint-Empire. Ils réclamaient aussi d'anciennes soldes non payées et menaçaient d'aller les chercher en Bourgogne. Quelques Suisses partisans des Français, parce qu'ils étaient payés par eux, furent emprisonnés, leurs biens pillés, et l'expédition en Bourgogne devint populaire. La Trémoïlle abandonna son ambassade pour retourner en Italie se mettre à la tête de l'une de nos armées.

Le 6 juin 1513 les Français sont encore battus à la Riotta et leur chef est blessé. La Trémoïlle rentre à Dijon pour faire face aux envahisseurs.

De son côté, le roi d'Angleterre était descendu en France où il fut rejoint par l'empereur Maximilien. Le 16 août 1513, ces souverains furent vainqueurs à la triste journée des Eperons. Les deux armées françaises étaient donc anéanties, lorsque fut décidé l'envahissement de la Bourgogne.

La campagne était menée par les Suisses, mais ils avaient des alliés. C'était d'abord Maximilien qui devait fournir la solde des troupes levées par les Ligues, et une partie de la cavalerie et de l'artillerie. Bien que la Comté ne dût pas prendre part à la guerre officiellement par suite du traité de neutralité entre les deux Bourgognes conclu par Marguerite en 1508 et renouvelé à Saint-Jean-de-Losne, en 1512, les seigneurs de la Comté restés fidèles au parti de Marie de Bourgogne devaient, à la demande de Maximilien, se joindre à l'armée, non point comme soldats de la province, mais à titre individuel.

La diète de Zurich ordonna, le 1er août, de mobiliser les troupes fournies par les cantons. Elle ne levait que seize mille hommes, parce qu'elle comptait sur autant de volontaires. Elle ne fut pas trompée, les Suisses brûlaient d'entrer en Bourgogne, de piller et de conquérir le duché pour Sa Majesté impériale. Ils avaient réuni plus de trente mille combattants, les volontaires devaient marcher avec les réguliers sous les chefs de leurs cantons. Le chef de l'expédition fut Henri Vinckler, capitaine de Zurich, il avait déjà fait campagne dans le Milanais, l'année précédente, pour rétablir Maximilien Sforza. Le 17 août, on fit à Zurich une grande montre de toute l'armée au son des tambours et des airs nationaux, et l'armée partit, le soir même, pleine d'enthousiasme. Elle devait se concentrer sous Besançon, le 27 août, avec les contingents partis de Berne sous la direction de Jacques de Wattevil, capitaine de ce canton. Elle devait aussi rencontrer à Besançon l'empereur Maximilien avec six mille chevaux, mais l'empereur qui était avec le roi d'Angleterre, le 16 août, à la bataille de Guinegate, n'arriva pas, peut-être pour n'avoir pas à donner aux Suisses la solde promise, mais absente de ses coffres. A sa place, venait le duc Ulrich de Wurtemberg avec deux mille cavaliers allemands au moins et autant d'hommes d'armes du Hainaut. Il excusa l'empereur, en disant qu'il arriverait bientôt. Il amenait aussi quelques pièces d'artillerie avec leurs munitions et leurs artilleurs, ce qui charma les Suisses. Les meilleurs historiens fixent à cinq mille cinq cents le contingent du duc de Wurtemberg.

Enfin il y avait en outre le petit corps formé d'environ

deux mille hommes de cavaliers comtois sous les ordres de Guillaume IV de Vergy, gouverneur de la province, corps rassemblé sous les ordres de Maximilien, qui devait en fournir les gages. L'éminent auteur de l'ouvrage sur la délivrance de Dijon, qui a donné le récit le plus complet et le plus documenté qu'il existe sur le Siège de 1513, reproche vivement à Guillaume de Vergy d'avoir pris part à cette guerre. Il nous est difficile de partager cette opinion. Guillaume de Vergy avait toujours servi fidèlement les ducs de Bourgogne jusqu'à ce qu'il fût fait prisonnier par Louis XI, lorsqu'il combattait pour la duchesse Marie, ce roi lui fit expier sa fidélité en le maintenant deux ans dans une cage de fer, est-il étonnant qu'il soit rentré plus tard au service de Marguerite d'Autriche, la fille de Marie, la petite fille du duc Charles? N'est-il pas trop sévère de lui reprocher cet attachement personnel? Cette troupe levée dans la Comté, j'en ai fait la remarque, n'engageait pas la province liée par le traité de neutralité, signé par Guillaume de Vergy lui-même en 1512. Mais il faut reconnaître qu'en laissant passer les envahisseurs et qu'en leur fournissant des hommes ce pays ne pratiquait pas avec nous une entente bien cordiale.

En résumé, l'armée suisse paraît être forte de 40.000 combattants, 30.000 Suisses et 10.000 alliés. Les assiégés évaluèrent les force à 80.000 hommes, mais il faut mettre cette exagération au compte de la crainte qu'inspiraient ces assiégeants.

La diète de Zurich avait dit que le plan de campagne serait établi lors de la concentration. Le duc de Wurtemberg opina pour marcher directement sur Paris, dont la route semblait ouverte. C'était aussi l'avis de Matthieu Schinner le cardinal de Sion, qui accompagnait l'armée. C'eût été probablement la meilleure tactique. Mais les Suisses et les conseillers auliques voyaient surtout, comme but de l'expédition, la reprise du Duché et le pillage de Dijon.

La marche sur cette ville fut donc décidée. On résolut d'atteindre la capitale bourguignonne en passant la Saône à Gray.

L'armée traversa la Comté, vivant sur le pays et enlevant ce qui était à sa convenance. En route elle apprit la journée des Eperons et les Suisses se souvenant de Morat, de Granson et de Nancy ne doutèrent plus de la victoire. Ils se virent ravageant la Bourgogne et mettant Dijon à sac.

La Saône franchie, l'armée se divisa en deux colonnes, les uns envahirent le duché par Autrey, les autres par Essertenne. Tout céda devant eux.

La première colonne s'empara de Fontaine-Française qui fut prise par la cavalerie allemande et par les soldats de Zurich et de Berne.

Le château de Saint-Seine-sur-Vingeanne arrêta quelques jours la troupe qui l'investit. Il fallut donner un véritable assaut. Ce fut à qui y monterait. On choisit soixante hommes déterminés, cinq de chaque canton.

Lux, Thil-Châtel, Marey et Is-sur-Tille furent livrés au pillage.

La seconde colonne prit Mirebeau de vive force. Ensuite les soldats entrèrent au monastère de Bèze, ils rançonnèrent la contrée, massacrèrent les hommes, outragèrent les femmes, emportèrent les ornements et vases sacrés et profanaient même les saintes hosties. Ils déterrèrent les morts pour piller ce que pouvaient renfermer les cercueils. Nombre d'officiers suisses gémirent sur ces violences, mais furent impuissants à les repousser.

L'armée se concentra dans la vallée de la Tille et de la Vingeanne, le 3 septembre, puis le 6, après un arrêt dont on ne s'explique pas les causes, les ennemis arrivèrent à Ruffey et à Saint-Apollinaire. Le 8 septembre, dans l'après-midi, ils étaient sous les murs de Dijon.

C'est le terme où je dois arrêter mon récit. Un autre conférencier vous en dira la suite, avec sa coutumière éloquence.

Jetons pour finir un regard sur la malheureuse situation de Dijon. On pouvait la juger désespérée. La ville avait pour résister une armée régulière de deux à trois mille hommes, commandés, il est vrai, par le brave La Trémoïlle. Elle comptait sur le dévouement du vicomte-maïeur, Benigne de Cirey, et des autres échevins. Malheureusement la milice communale n'était pas fort aguerrie.

Que faire en face de 40.000 assiégeants, soldats de métier, grisés par leurs victoires, s'élançant sur Dijon comme sur une ville qu'ils voyaient déjà rendue à merci. Les vainqueurs de Granson et de Morat sont sous les murs ! On entend déjà les cors fameux d'Uri et d'Unterwalden !

La lutte semble impossible, les adversaires résolus à tout. On ne voit aucun secours humain.

Mais tout ce peuple a la foi ; il sait qu'au-dessus d'eux il est un Dieu bon, tout-puissant, qui exauce la prière ; il sait que Notre-Dame de Bon-Espoir a toujours entendu les sanglots des affligés. Il sait Tant L Vaut !

Il prend les armes ; il se défend ; et, en même temps, il fléchit le genou et prie. Cette foi, cette prière qui ont sauvé bien des hommes, sauveront aussi Dijon. La Vierge aura pitié de ces malheureux qui ont mis leur confiance en elle. Dieu, grâce à cette foi et à cette résistance, fera disparaître le péril qui semblait ne pouvoir être écarté. *Si Deus pro nobis, quis contra nos !*

M. le Président remercie l'orateur :

Je crois être l'interprète de chacun de vous en remerciant M. Poisot de sa très intéressante conférence et je regrette de ne pouvoir lui dire : au prochain Centenaire des Fêtes de la délivrance de Dijon !

Les péripéties du Siège

CINQUIÈME CONFÉRENCE

PRÉSIDÉE PAR

M. ANOT

Sous-Intendant militaire en retraite

ET PRONONCÉE PAR

M. Olivier LANGERON

Avocat à la Cour d'Appel

le 24 Octobre 1913

M. le Président donne la parole au conférencier :

Monsieur le Chanoine,
Mesdames, Messieurs,

Je remercie les nombreuses personnes qui ont bien voulu répondre à notre appel et qui se sont rendues à ces belles réunions.

L'insigne honneur qui m'est fait de présider celle-ci m'en impose un autre, qui m'est doux, celui de vous présenter notre distingué conférencier, M. Langeron, avocat à la Cour d'appel.

Il est trop connu de tous pour que j'aie à insister sur ses éminentes qualités; son talent oratoire est depuis longtemps apprécié au Palais. Il me suffira de rappeler les applaudissements que lui ont valu les conférences qu'il a données, dans des réunions analogues à celle de ce jour. Plusieurs villes de notre région les ont entendues; et Dijon qui les a particulièrement goûtées, quand il a célébré Saint-Bernard et Lacordaire, ne les oubliera jamais.

Ce qui prouve qu'il est un de ces hommes que l'on est toujours sûr de trouver et d'obtenir, quand on fait appel à leur dévouement, à leur zèle, à leur savoir, à leur érudition.

Maître Langeron, nous allons jouir une fois de plus du grand plaisir de vous entendre ; je vous donne la parole.

Conférence de M. Langeron

I

Mesdames, Messieurs,

Le 3 juillet 1513, il y a un peu plus de quatre siècles, une vive émotion régnait dans cette ville de Dijon.

Le bruit se répandait, en effet, que le roi de France, Louis XII, venait de prévenir par lettre le vicomte-mayeur, Bénigne de Cirey, des intentions belliqueuses des Suisses ; et, en même temps, il lui mandait de tenir la ville en garde contre une attaque qui semblait devoir être prochaine.

A vrai dire, cette grave nouvelle n'était pas imprévue ; on connaissait les dispositions des Suisses, on savait que le roi négociait avec eux, et, depuis l'année précédente, on s'attendait à une rupture possible.

La certitude acquise d'un danger connu, mais qu'on espérait pouvoir être écarté, surprend et remue les esprits, quelquefois plus que l'annonce d'un péril inattendu.

On connaît les motifs de cette guerre qui allait bientôt éclater. Ils ont été exposés dans la conférence précédente avec ampleur et clarté. On nous permettra cependant de les résumer très brièvement.

La cause première et originelle en fut la prétention de Louis XI, de s'emparer de la Bourgogne à la mort de Charles le Téméraire, tué sous Nancy, le 5 janvier 1477, au préjudice de la fille de ce dernier, son unique héritière, et qui, par conséquent, suivant le droit de l'époque, en était souveraine légitime.

Il y avait un moyen de réunir pacifiquement la Bourgogne à la couronne de France. C'était de marier la princesse Marie avec le Dauphin Charles, mais il existait une difficulté ; cette princesse avait treize ans de plus que le Dauphin. Malgré cet obstacle, Marie de Bourgogne aurait peut-être pu consentir à cette union, mais Louis XI avait d'autres vues. Ce projet ne se réalisa pas, le roi s'y opposa ; et, le 20 août 1477, la princesse Marie épousait l'archiduc Maximilien d'Autriche, qui devint empereur d'Allemagne, à la mort de son père, en 1493.

Louis XI ayant mis la main sur la Bourgogne, la guerre ne tarda pas à éclater une première fois entre lui et l'archiduc. Localisée dans le Nord, elle traîna en longueur, et n'aboutit à aucun résultat décisif. Les partisans de Marie de Bourgogne, et ils étaient nombreux, car elle était très aimée et très populaire, s'agitèrent beaucoup à Dijon, mais le mouvement fut réprimé rapidement et avec rudesse. Le duché fit donc définitivement retour à la France, et il semble que le mariage de l'héritière de Charles le Téméraire avec un prince allemand, augmenta le nombre des partisans de Louis XI. La Bourgogne, en effet, par la langue, les mœurs, les coutumes de ses habitants, ainsi que par sa situation géographique, se rapprochait beaucoup moins de l'Allemagne que de la France, dont elle avait été détachée autrefois, et elle avait toujours été gouvernée par des princes français.

Depuis cette réunion, la Bourgogne soudée à la mère-patrie, est restée inébranlable dans sa fidélité. Lorsque François Ier l'eut cédée à Charles-Quint, petit-fils de Marie de Bourgogne, par le traité de Madrid en 1525, les Etats du duché protestèrent avec fermeté. Ils déclarèrent au roi qu'il n'avait pas le droit d'aliéner cette province sans leur consentement ; qu'ils ne se départiraient jamais de l'obéissance qu'ils avaient jurée à la France ; et que, si on les abandonnait à Charles-Quint, ils se défendraient contre ses entreprises et sauraient s'affranchir de sa domination. Ce traité ne fut, du reste, jamais exécuté.

Louis XII, deuxième successeur de Louis XI, fut particulièrement populaire en Bourgogne. Il vint deux fois à Dijon, en 1501 et en 1510, et fut reçu chaque fois au milieu des plus vifs transports de joie, et des plus chaudes acclamations.

Marie de Bourgogne mourut à Bruges, en 1482, des suites d'une chute de cheval. Son mari, l'archiduc Maximilien, était remarquable par sa beauté physique, l'étendue de son intelligence, l'intrépidité de son courage. Mais il n'avait pas d'esprit de suite, et manquait de mesure et de prévoyance. Toutefois, il ne varia jamais dans ses prétentions sur la Bourgogne, mais il ne sut pas prendre les moyens propres à réussir dans ses desseins.

La guerre qu'il fit à Louis XI ne lui fut pas favorable. Elle prit fin en 1483 par le traité d'Arras, resté muet sur la Bourgogne. Une seconde entreprise, en 1491, réussit pour la Franche-Comté, qui lui fut cédée par Charles VIII, mais le duché lui échappa. En 1498, une nouvelle invasion échoua parce que les Suisses l'abandonnèrent. Enfin, après beaucoup de phases diverses et de négociations qu'il serait inutile de rapporter ici, même en résumé, la question restait toujours pendante ; l'entente ne put se faire ; et, en 1512, Maximilien réclamait plus énergiquement que jamais la possession héréditaire du duché.

Il était poussé et secondé dans cette voie par sa fille Marguerite, princesse remarquable, l'âme de la Ligue de Cambrai, qui avait su se faire une grande place dans la diplomatie européenne. Très intelligente, mais fine et astucieuse, ce fut elle qui agit le plus fortement contre la France. Elle envoya des secours aux Anglais, et se mit en rapport avec les Suisses pour les presser d'entrer en campagne.

Telle est la première cause de la guerre de 1513 ; la seconde doit être cherchée dans les démêlés des Suisses avec les rois de France.

Alliés à la France, sous Louis XI, ils se détachèrent

d'elle peu à peu, principalement sous la pression de Maximilien et de Marguerite, auxquels se joignit Mathieu Schinner, cardinal de Sion, notre ennemi déclaré. Mais ce qui les brouilla définitivement avec Louis XII, ce fut une question d'argent. Ils l'abandonnèrent parce qu'il ne les payait pas assez cher. Le roi chercha à se les concilier, en 1509 et en 1513. Il échoua définitivement, cette dernière fois, après deux mois de laborieuses négociations, malgré l'habileté et l'éloquence de ses ambassadeurs. En février 1513, tout espoir d'accommodement sembla perdu.

La rupture se produisit un peu plus tard, par la conduite maladroite et imprudente des agents de Louis XII en Suisse. Ils continuaient à enrôler des volontaires, malgré la défense des autorités des cantons. L'opinion publique s'émut; on craignit qu'on ne fît marcher les Suisses contre leurs frères en cas d'une guerre avec la France. Des manifestations violentes éclatèrent contre les partisans de Louis XII; on les traqua, beaucoup furent exilés et subirent la confiscation de leurs biens; plusieurs même furent décapités.

Maximilien profita de cette agitation pour pousser les cantons à déclarer la guerre, leur promettant des secours en hommes et en argent. Marguerite s'engagea à leur livrer passage dans la Franche-Comté. Tout ceci se passait dans l'été de 1513.

Instruit de ces menées, et connaissant les dispositions hostiles des Suisses, le roi Louis XII s'était empressé de prévenir la ville de Dijon, la plus exposée en cas d'une soudaine attaque.

II

Il avait eu raison; le 1er août la diète de Zurich donnait ce que nous pourrions appeler l'ordre de mobilisation. L'armée fut constituée et placée sous le commandement en chef de Henry Winckler, capitaine de Zurich, que les documents contemporains appellent : *Capitaine général pour Messieurs des Ligues Suisses.* Cette armée comptait environ 32.000 combattants. Elle se rendit à Besançon où devait avoir lieu la concentration des contingents suisses, des forces allemandes que Maximilien devait envoyer, et des hommes d'armes de la Franche-Comté qui étaient sous les ordres de Guillaume de Vergy. L'afflux de ces renforts porta l'effectif de l'armée à 40.000 hommes environ,

Il fut décidé qu'on marcherait d'abord sur Dijon en passant la Saône à Gray. Ce n'était pas la route la plus courte, mais Gray était une place forte, et on était sûr d'y trouver le pont intact et bien gardé. Dans les derniers jours du mois d'août, la Bourgogne ducale fut envahie par un torrent dévastateur qui détruisit tout sur son passage. On avait hâte de se ruer sur une proie depuis si longtemps convoitée, et de piller ce beau pays, où l'on croyait trouver d'incalculables richesses.

C'était en effet un riche pays que le duché de Bourgogne.

Pendant près d'un siècle, sauf les dix années du règne de Charles le Téméraire, il avait joui d'une paix profonde, alors que les guerres désolaient le reste de l'Europe. Les Bourguignons s'étaient enrichis par le commerce avec les nations voisines; l'agriculture était florissante. Les libertés communales dont ils jouissaient, et le gouvernement presque paternel des trois premiers ducs, n'étaient pas non plus étrangers à cette prospérité.

Un vieux chroniqueur prend à témoin de l'aisance générale les modes bizarres et dispendieuses qui s'étaient introduites dans notre pays, et il observe que les habillements étaient égaux pour tout le monde. Le luxe était si répandu, qu'au point de vue du costume, toutes les conditions, toutes les classes étaient confondues. Il nous décrit les coiffures des dames, qui portaient des bonnets en forme de pyramide, d'une demi-aune de hauteur, et auxquels étaient attachés des voiles d'étoffes précieuses qui descendaient jusqu'à terre. Quant aux hommes, ajoute naïvement le même chroniqueur, ils étaient vêtus d'habillements si justes et si courts, qu'ils en étaient immodestes, tant ils marquaient exactement la conformation des parties du corps. Aujourd'hui, ce n'est pas à nos modes masculines que l'on pourrait adresser un semblable reproche. Ils se coiffaient de perruques si vastes qu'elles leur couvraient la moitié du visage, et leurs souliers à la poulaine étaient deux fois plus grands et plus longs qu'il ne fallait. Notre vieil auteur ajoute encore quelques autres détails, et enfin « il n'y avait », dit-il, « ni homme ni femme de si petit état qui ne voulût se parer comme prince ou princesse, sans avoir égard au coût, aux frais, ni à ce qui était convenable à sa condition ».

Puis il conclut, et voici ses paroles : « Tant étaient riches et plantureux les païs de Bourgogne, à cause de la longue paix et bon traitement qu'ils recevaient de leur gouvernement ».

Dans les premiers jours de septembre, l'armée confédérée était massée dans la vallée de la Tille, d'où, le 6, elle s'ébranla pour s'avancer sur Ruffey et Saint-Apollinaire, c'est-à-dire aux portes même de Dijon.

Dans la ville, on ne comprenait que trop bien le danger. Les délibérations des échevins avaient proclamé « l'éminent péril », comme on disait alors, et à cette date du 6 septembre, les magistrats municipaux exhortent les habitants au courage. Ils espèrent qu'on pourra résister à l'envahisseur, « si Dieu — ce sont leurs propres paroles — et les Saints nous viennent en ayde, avec la bonne défense que l'on pourra y mectre ». C'est la paraphrase du vieux proverbe : Aide-toi, le Ciel t'aidera !...

Mais la crainte a déjà saisi les habitants; ils connaissaient les violences et les dévastations qui avaient désolé les localités situées sur le passage des Suisses et de leurs alliés. Ils approchaient; on n'en pouvait douter, car les avertissements se multipliaient, et le 8 septembre, en effet, ils arrivaient sous les murs de Dijon.

III

Ils étaient sortis dans l'après-midi de ce jour des villages où ils s'étaient cantonnés, et s'avançaient tout près de la place et presque sous son canon. Ils la contournèrent au Nord-Est et défilèrent en ordre parfait sur les plateaux. Du haut des clochers et des tours, les Dijonnais purent voir, avant la fin du jour, les hauteurs de Montmuzard et des Argentières se couronner d'ennemis.

Il est facile, par un effort d'imagination, de se représenter à peu près le spectacle qui s'offrait aux regards de nos pères étonnés et terrifiés.

Ils voyaient les riches armures des chevaliers, les demi-cuirasses et les casques en fer battu des gens de pied étinceler aux derniers rayons du soleil couchant, et jeter des lueurs qui se mariaient aux fauves reflets des canons, des serpentines et des couleuvrines ; les larges fers des piques et les arquebuses reluisaient dans la lumière adoucie de la chute du jour ; on pouvait presque compter les files interminables de l'artillerie et des convois ; les silhouettes des véhicules et des attelages se profilaient sur les crêtes. Au-dessus des soldats flottaient au vent les bannières, les guidons et les étendards, décorés pour les Suisses des armoiries des douze cantons avec la croix et les clefs blanches, et pour les Allemands, de l'aigle noire à deux têtes. L'ennemi était si près de l'enceinte qu'on entendait le son terrible des cors d'Uri, de Schwitz et d'Unterwald, qui avait retenti quarante ans auparavant aux funestes journées de Morat, de Granson et de Nancy. On percevait distinctement la musique des flûtes et des tambourins, qui réglait la marche de l'infanterie, mêlée aux chants, aux cris, aux menaces et aux défis insultants des soldats, toutes choses qui n'annonçaient rien de bon, et étreignaient l'âme de ceux qui contemplaient ce tableau, à la fois magnifique, grandiose et impressionnant.

La cavalerie sortit des portes et fondit sur l'arrière-garde pour la sabrer et y jeter le désordre, mais elle fut vite ramenée, et perdit quelques hommes qui furent faits prisonniers.

Quelle était donc la valeur militaire de cette armée de 40.000 hommes qui venait investir la ville de Dijon? On peut répondre d'un mot qu'elle était vraiment redoutable. Les Suisses, qui en composaient la plus grande partie, étaient à cette époque les premiers fantassins de l'Europe ; la cavalerie et l'artillerie de l'Allemagne, et les hommes d'armes comtois n'étaient pas non plus à dédaigner.

En réalité, les Suisses avaient toujours, au Moyen-Age, vécu dans l'indépendance, sous la suzeraineté plus nominale que réelle des empereurs germaniques. Lorsque au XIVe siècle, la maison des Habsbourg voulut resserrer le joug, la cruauté et l'injustice de ses gouverneurs exaspérèrent les Helvètes ; ils se révoltèrent et chassèrent les impériaux de leurs montagnes après de sanglants combats. En vain l'Autriche voulut y rentrer ; elle fut constamment repoussée par ces rudes patriotes. A la fin du XIVe siècle, leur pleine indépendance fut entièrement conquise : la Suisse était délivrée de tout lien étranger. On sait comment ils résistèrent plus tard à Charles le Téméraire, qui voulait frapper en eux les alliés de son adversaire Louis XI, et comment leur impétueuse infanterie battit la chevalerie bourguignonne, appuyée cependant d'une belle et nombreuse artillerie.

Désormais en paix, les Suisses se mirent à la solde des autres puissances. Louis XI les avait engagés à son service ; le pape, Venise ensuite, les introduisirent dans leurs armées. Pendant plus d'un siècle, milice nomade et mercenaire, ils prirent part à toutes les grandes guerres, et décidèrent souvent du sort des royaumes.

Les capitaines de Zurich et de Berne avaient lu et médité les historiens et les écrivains militaires de l'antiquité; ils avaient étudié les formations de la phalange grecque et les procédés tactiques des Romains.

Machiavel, dans son histoire de Florence, nous apprend, en effet, qu'ils imitaient le mode de combat de la phalange grecque, et qu'ils formaient leur infanterie en gros bataillons, échelonnés sur plusieurs lignes, assez près pour que les groupes pussent se flanquer et se protéger mutuellement, assez loin pour que chaque unité eût un espace suffisant pour battre en retraite, sans heurter les échelons placés en flanc ou en arrière.

Chaque bataillon était formé *en redoute*, comme on disait alors, c'est-à-dire en carré plein, avec les piquiers sur sept ou neuf rangs, les arbalétriers et les couleuvriniers à l'extérieur, tout prêts à se déployer en ligne ou en tirailleurs pour engager le combat.

Si on ajoute à cette tactique très étudiée l'élément moral, c'est-à-dire le courage, le mépris de la mort, l'amour de la lutte, la passion de la liberté, et il faut le dire, un mobile moins noble et moins désintéressé, le goût du pillage et du butin, on comprend mieux les résultats qu'on était en droit d'attendre de pareilles troupes, depuis longtemps exercées, très manœuvrières et très aguerries par leur présence sur presque tous les champs de bataille de l'Europe.

Mais le défaut de cette infanterie, merveilleuse d'audace et de sang-froid contre la cavalerie et l'artillerie, était de mal résister à des fantassins animés de la même ardeur et de la même opiniâtreté. Son armement, qui consistait en longues piques et en lourdes épées, était défectueux pour le combat corps à corps. On en cite un exemple frappant, la déroute des Suisses à Bellinzona, en 1422.

Ils combattaient les Milanais qui étaient à cheval. Ceux-ci furent d'abord rompus et mis en fuite sous la poussée irrésistible d'une charge impétueuse de l'infanterie suisse. Mais Carmagnola, qui commandait les Milanais, ne perdit pas la tête ; il rallia ses cavaliers, leur fit mettre pied à terre, et sans hésiter, il fonça avec eux sur les Suisses. Ceux-ci, surpris, ne purent faire usage de leurs piques contre un adversaire qui, en un clin d'œil, avait pénétré au milieu de leurs carrés, et sous le choc, roulant les uns sur les autres, ils ne purent jeter leurs longues armes pour tirer l'épée. Ils furent taillés en pièces par les Milanais sans qu'ils pussent presque se défendre, et, sur dix-huit mille hommes, trois mille seulement s'échappèrent.

Malgré cet inconvénient, l'infanterie suisse n'en était pas moins un instrument de guerre puissant et redoutable, tant par sa forte organisation, sa discipline du combat, que par la valeur de ses officiers et l'énergie physique et morale de ses hommes.

On comprend donc la crainte que cette armée devait inspirer à ses adversaires au point de vue militaire. En outre, à cette époque, le pillage, les violences et la dévastation étaient trop souvent considérés par les soldats comme des actes légitimes. Le droit de la guerre n'était pas alors fixé comme il l'est aujourd'hui par des conventions internationales, qu'un peuple ne saurait violer sans se mettre au ban de toutes les nations civilisées. Sans doute, ces conventions ne suppriment pas et ne peuvent pas supprimer toutes les horreurs qu'engendre la lutte armée, mais elles tendent à limiter l'emploi de la force, à empêcher les excès, et à y soustraire le plus possible les non combattants.

Telle était l'armée qui était venue camper devant Dijon dans les premiers jours de septembre 1513, et qui se disposait à y pénétrer les armes à la main.

IV

En présence de cette situation menaçante, quels étaient les hommes chargés d'y faire face ? de quelles ressources disposaient-ils ? que firent-ils ? C'est ce qu'il faut dire maintenant.

Le plus grand personnage du pays était alors le gouverneur de la Bourgogne pour le roi. Ce poste élevé était occupé, depuis 1506, par Louis II de la Trémoïlle. Envoyé en Normandie, à son retour d'Italie, pour inspecter les places fortes qu'on craignait de voir assiéger par les Anglais, sa mission fut brusquement interrompue, en juin 1513, par un ordre qui lui enjoignait de revenir au plus vite dans la capitale de son gouvernement.

Le portrait de La Trémoïlle, surnommé *le chevalier sans reproche* par ses contemporains, a été tracé ici-même, avec une précision et un charme que nous n'avons pas oubliés. Y revenir serait donc de trop. Il suffira de rappeler que le gouverneur de Bourgogne fut une des plus belles figures du xvie siècle, et que pendant quarante années, il joua un rôle important.

Digne descendant d'une race illustre, dont les fils s'étaient distingués dans les croisades et dans les guerres contre les Anglais et les Flamands, il se dépensa tout entier au service de son pays, et trouva à soixante-cinq ans, une fin glorieuse aux champs de Pavie, en tombant, mortellement frappé, aux pieds de François Ier, le soir de cette terrible et malheureuse journée.

Guerrier vaillant, administrateur habile, diplomate avisé et éloquent, il était écouté dans les conseils et ne fut inférieur à aucune des grandes missions que le roi lui confia. Il n'était pas moins recommandable par ses vertus privées que par ses rares talents.

Tel était l'homme qui commandait à Dijon, et cet homme valait à lui seul une armée.

A ses côtés, nous devons placer le vicomte-maïeur, Bénigne de Cirey, remarquable lui aussi par « sa prudhomie et diligence », son entente des affaires, son énergie et son dévouement absolu à la chose publique. Il appartenait à une famille récemment anoblie, dont Jean de Cirey, abbé de Cîteaux et oncle de Bénigne, avait rendu le nom célèbre.

Les vingt-quatre échevins qui l'assistaient doivent partager sa gloire ; eux aussi étaient au danger. Mais il serait fastidieux d'énumérer leurs noms ; nous citerons seulement celui de Thomas Berbisey, auteur d'une relation du Siège, et celui du procureur-syndic, Guillaume Loncle, qui se distingua particulièrement par son courage et sa décision.

La garnison de la place comprenait pour la cavalerie six cents hommes d'armes, et au plus quatre mille hommes de pied, y compris un renfort amené, à la fin de 1512, par Lancelot du Lac. Ces soldats étaient disciplinés et aguerris, mais l'effectif en était trop faible pour tenir la campagne et livrer bataille à l'armée des alliés.

D'autant plus que La Trémoïlle fut obligé d'en détacher une partie à Beaune et à Auxonne pour garder ces deux points stratégiques, car on ignorait où les alliés passeraient la Saône, et d'en distraire deux ou trois cents pour occuper la forteresse de Talant, dont l'objectif était de gêner les mouvements de l'ennemi et de l'empêcher d'investir la place de ce côté.

Le nombre des gens de pied doit donc être réduit à un chiffre qu'il est difficile d'évaluer, mais qui ne dépassait pas deux mille hommes.

A ces troupes régulières, il faut ajouter les milices communales. Elles avaient eu leurs jours de gloire et pris part avec nos ducs à des expéditions lointaines ; elles avaient combattu en Flandre et en Franche-Comté. Mais, depuis la mort de Charles le Téméraire, on les avait affectées exclusivement à la garde et à la défense de la ville.

Elles avaient une organisation particulière. M. Chabeuf, dans son beau livre sur Dijon, où il a merveilleusement condensé tout ce qui se rapporte à l'histoire de notre ville, nous la fait connaître en détail.

Elles se divisaient en sept compagnies, correspondant aux sept paroisses. Chacune d'elles avait sa bannière et était commandée par un capitaine, ayant sous ses ordres un lieutenant, un enseigne, des cinquanteniers et des dizeniers. Le grand-gruyer de Bourgogne, Jean de Baissey, homme énergique et sûr, les commandait en chef.

Tous les hommes en état de servir en faisaient partie, même les « gens d'Eglise et des Comptes », nous dit une délibération des échevins, en date du 5 juillet 1513. C'était la levée en masse qui se dressait contre l'envahisseur. Les hommes étaient armés de bâtons à feu, d'arbalètes et de hallebardes. On ne pouvait guère considérer ces milices comme un appoint bien sérieux pour la défense. Leur valeur militaire était singulièrement déchue depuis les anciens jours de leurs luttes contre les Anglais et les Flamands. Mais si elles étaient incapables de se mesurer en rase campagne avec une armée solide et bien commandée, on pouvait espérer qu'abritées derrière des murailles, elles s'exposeraient courageusement à la mort pour défendre leurs foyers contre un assaillant qui menaçait de brûler les églises et les maisons après les avoir pillées, d'insulter les femmes, de massacrer les hommes et de ruiner le pays.

Les milices étaient décidées à ne pas laisser s'accomplir ces horreurs sans résistance. Malgré leur inexpérience de la guerre, elles se souvenaient que « gens de cueur et de vertu acquièrent repos et honneur en mourant par le glayve ».

Si on eut à regretter parmi elles quelques hésitations et certaines défaillances, nous verrons que dans l'ensemble elles ne demandaient qu'à se bien comporter.

Les documents font défaut pour fixer l'effectif de ces

milices, mais le total ne devait pas dépasser deux à trois mille hommes.

Dijon n'était pas une grande ville. Au moment du siège, elle comptait environ treize mille habitants, sans y comprendre les *retrayants*, c'est-à-dire les habitants de la banlieue, qui avaient le droit de s'y réfugier en cas « d'éminent péril ».

Elle était de forme ovale, entourée de murailles surmontées de vingt-et-une tours. On y entrait par cinq portes. Des hauteurs orientales où ils campaient, les alliés pouvaient contempler cette capitale de la Bourgogne dont ils avaient tant entendu parler. Moins vaste qu'aujourd'hui, plus facile à embrasser du regard, elle devait présenter un aspect pittoresque et artistique avec son enceinte féodale, les flèches dentelées ou les clochers massifs de l'abbaye de Saint-Bénigne, de la Sainte-Chapelle, de ses sept paroisses et des autres églises, mêlés aux toits aigus des riches hôtels ou des demeures plus modestes. Au fond du tableau se détachaient les silhouettes du château bâti par Louis XI, et des vastes bâtiments de la Chartreuse de Champmol, où reposaient les trois premiers et illustres ducs de Bourgogne.

V

Dès le commencement de juillet, la Chambre de ville avait adopté les mesures d'ordre et de sûreté nécessaires pendant la durée de « l'éminent péril »; mais on ne devait les publier qu'à l'arrivée de l'envahisseur.

Ces mesures consistaient principalement et d'abord dans l'organisation du guet. Les guetteurs devaient s'installer dans le clocher de Notre-Dame pour surveiller la campagne et faire connaître les mouvements de toute troupe suspecte. Puis, la garde des portes et des remparts fut assurée par deux échevins avec le concours des milices communales. Des rondes en armes devaient avoir lieu pendant la nuit pour éviter les surprises. On ordonnait la suppression des toits en paille et l'abattage des gros chiens, dont les aboiements pouvaient empêcher d'entendre les cris d'alarme ; le son des cloches était interdit pendant la nuit pour le même motif. Enfin, le vicomte-mayeur était investi de tous les pouvoirs nécessaires pour prendre les décisions urgentes, de l'avis de trois échevins seulement, sans appeler les autres.

Chaque citoyen dut préparer ses armes ; les milices furent convoquées le 20 août, pour être passées en revue, et pour s'assurer si chacun était équipé et armé convenablement. La ville devait fournir les armes qui pouvaient manquer.

Elle possédait, en effet, un arsenal bien garni qui était sa propriété. Il y avait dix mille piques en bois de frêne alignées dans les râteliers de ce dépôt ; des traits d'arbalètes et des carreaux en grande quantité, cent arbalètes, trente-quatre espingoles et d'autres armes encore.

L'artillerie de la commune comprenait environ cent cinquante bouches à feu : grosses pièces, dénommées *bombardes* ou *veuglaires* ; d'autres de plus faible calibre, appelées *couleuvrines*, *serpentines* et *fauconneaux* ; des fusils de remparts, et enfin un certain nombre d'arquebuses.

Mais beaucoup de ces canons étaient en mauvais état. On avait pensé à les réparer ; dès la fin de l'année 1512, on s'en était occupé. On avait fait venir des ouvriers de Beaune, de Troyes et même d'Angers, pour exécuter le travail au plus vite.

On exigea la déclaration des armes possédées par les particuliers, et on trouva ainsi quatre cent cinquante arbalètes de plus.

La poudre n'était pas abondante, mais on en fabriquerait ; on avait les matières premières. On possédait des boulets en pierre, qui étaient démodés, et des boulets de fonte, mais pas assez.

On établit six moulins à poudre et on commanda des projectiles en fonte pour l'artillerie aux forges de Moloy.

La ville engagea pour tout cela de grandes dépenses, « quoiqu'elle soit pauvre et n'ait d'argent », nous disent les échevins.

Enfin l'attention s'était portée, dès l'année précédente, sur les fortifications. Il fallait les réparer. On avait commencé, mais il restait beaucoup à faire. Sous la pression de « l'éminent péril », on leva un impôt de quatre mille francs et on embrigada des ouvriers pour y travailler sans relâche.

Quant au château, il était bien pourvu d'artillerie et de munitions ; il était commandé par un soldat éprouvé, M. de Saint-Pol.

En résumé, lorsque l'ennemi parut, la ville était à l'abri d'un coup de main, mais elle n'était pas en état de soutenir longtemps un siège régulier.

Pour soutenir un siège, une des choses les plus importantes est d'avoir des vivres en quantité suffisante. Ici, l'activité de nos échevins ne fut pas moins admirable. On ordonna le recensement des grains qui existaient dans la ville, et on en trouva une certaine quantité chez les particuliers. La viande manquait. Ces constatations faites, on s'occupa de réunir des vivres tant pour les habitants que pour la garnison.

La moisson finissait, les paysans amenèrent leurs gerbes ; on fit entrer ainsi dans la place un stock important de blé. D'autres offrirent leurs bestiaux qu'on acheta. On fit appel aux cent dix-sept villages *retrayants* pour contribuer aux réquisitions ; on demanda des grains en Champagne et jusqu'en Brie.

Par l'effet de ces mesures énergiques, les vivres affluèrent et les ressources alimentaires devinrent bientôt suffisantes. Les boulangers purent fabriquer quinze mille pains par jour ; les boucheries étaient largement approvisionnées ; le vin ne manquait pas, car la dernière récolte avait été abondante.

Enfin, le gouverneur ordonna, comme mesure de salut public, la destruction des faubourgs. Ils s'étaient considérablement étendus à la faveur d'une longue paix ; de nombreuses habitations y avaient été construites. Ces habitations, un peu éparses, eussent été facilement enlevées par l'assaillant et lui auraient permis de s'avancer, sous leur protection fort près de l'enceinte, pour inonder la ville de projectiles, en tirant, à bout portant, ses pièces légères et ses arquebuses.

Cette mesure atteignait cruellement des intérêts matériels fort respectables assurément, mais elle s'imposait, sous peine d'annuler par avance toute la défense.

Le 4 septembre, le feu fut mis au faubourg Saint-Nicolas, et on donna l'ordre de démolir l'église de ce nom, située hors des murs.

Le lendemain, les faubourgs Saint-Pierre et de la Porte-Neuve flambèrent à leur tour, et le 7 du même mois le faubourg d'Ouche et le faubourg Saint-Philibert furent aussi réduits en cendres.

Une mer de feu et de fumée enveloppa la ville pendant ces terribles journées, et les habitants purent contempler pendant de longues heures ce lugubre spectacle, qui semblait n'être que le prélude de maux plus grands encore !

Le 9 septembre, avant le jour, les alliés avaient reconnu le terrain, marqué l'emplacement de leurs batteries, à l'est de la place, et s'étaient mis à l'œuvre. La portée de l'artillerie n'était alors que de trois à six cents mètres, suivant le calibre ; il fallait donc s'approcher assez près de l'enceinte pour la battre en brèche, éteindre le feu de la place, et, comme conclusion, forcer l'assiégé à capituler, ou, s'il s'y refusait, se tenir prêt à lancer les colonnes d'assaut dès que la brèche serait praticable.

Au point du jour, la tranchée était ouverte au bas du lieu dit *la Fontaine des Suisses*, et des hauteurs des Argentières. Des épaulements et des tertres bien remparés étaient construits pour mettre les grosses pièces en position et les défiler du feu de la place. Des gabionnages en osier garnissaient ces épaulements pour protéger les servants.

Ici, on est contraint d'admirer l'habileté de l'assiégeant, et la rapidité avec laquelle il acheva ces travaux. La position de la batterie de siège était admirablement choisie. Les pièces pouvaient facilement atteindre de là la partie de l'enceinte derrière laquelle se dressaient les églises Saint-Etienne et Saint-Michel, dont la masse et les clochers fournissaient une excellente mire aux pointeurs.

Tout cela fut terminé en quelques heures. Il est vrai que la besogne fut facilitée aux travailleurs par d'anciens fossés qui existaient en cet endroit; il n'y avait qu'à augmenter leur profondeur pour pouvoir les utiliser.

Bien avant la nuit, toutes les pièces étaient en batterie, braquées sur la ville et prêtes à faire feu

VI

La Trémoïlle avait cinquante-trois ans, il était dans toute la force de l'âge, et joignait à sa haute intelligence un esprit positif et pratique.

Il avait vu défiler l'armée ennemie ; il s'était rendu compte de sa force. Maintenant les batteries étaient en position, le siège allait commencer, et ce qu'il avait vu dans sa carrière lui permettait d'en prévoir toutes les péripéties.

D'autre part, il songeait tristement au petit nombre de ses troupes; à ces milices dijonnaises, pleines de bonne volonté sans doute, mais peu exercées; au découragement des habitants, et à l'impossibilité de recevoir aucun secours, ce qui restait des armées de la France étant occupé là-bas, bien loin, vers le Nord.

Avec sa longue expérience de la guerre, le glorieux soldat de Fornoue, de Novare et d'Agnadel voyait la situation sous son jour vrai. Mais il ne tremblait pas ; l'épreuve n'était pas au-dessus de ses forces et de son caractère ; il était de ces hommes qui grandissent avec les périls et les difficultés.

Il réunit un conseil de guerre où prirent place les représentants de la cité, et notamment le vicomte-mayeur, Bénigne de Cirey. Il demanda l'avis de ce conseil, puis arrêta sa résolution. Il voulait avant tout gagner du temps, moyennant quoi, peut-être serait-il secouru. Il dépêcha au roi un message pressant, et envoya un parlementaire au camp des Suisses pour examiner leurs positions, démêler leurs intentions, et les amuser, si c'était possible, en attendant la réponse du souverain. Enfin, il assembla les habitants et les harangua. Sa parole éloquente et enflammée ranima les courages.

Le chevalier Regnauld de Moussy, celui-là même qui, deux années plus tard, le 14 septembre 1515, devait relever, sur le champ de bataille de Marignan, le fils unique et héroïque de La Trémoïlle, tombé glorieusement, percé de soixante-deux blessures, fut envoyé en parlementaire. Il s'acquitta heureusement et habilement de sa mission. C'était du reste l'usage alors de négocier entre ennemis jusqu'au dernier moment, et souvent on n'engageait la lutte qu'après avoir épuisé la conversation.

Tout en causant, Moussy sut pénétrer les desseins des Suisses. Ils lui laissèrent voir le dispositif de leurs troupes, et lui montrèrent par fanfaronnade la position de leurs batteries. Enfin, sachant ce qu'il voulait savoir, le chevalier se retira, car il n'avait pas mandat de provoquer ou d'accepter des propositions.

Après son départ, les Suisses ouvrirent immédiatement le feu, et le bombardement commença. Les églises Saint-Etienne et Saint-Michel furent atteintes, et on voit encore aujourd'hui la trace des boulets sur l'abside de cette dernière ; nombre de toitures furent percées ou démolies, mais il n'y eut pas de victimes. Les habitants restèrent chez eux, et le gouverneur avait donné l'ordre aux soldats et aux miliciens, qui gardaient les remparts, de bien se défiler derrière les abris et de ne pas s'exposer inutilement. Ce grand capitaine avait souci de ménager la vie de ses hommes.

La place répondit au feu des alliés, et ce duel d'artillerie se prolongea tout le reste de la journée, sans résultat sensible pour l'assiégeant.

Vers le soir, La Trémoïlle vint aux remparts pour juger par lui-même de l'efficacité du tir. Il vit bien que les murs ne pourraient résister longtemps, si le feu de l'ennemi continuait avec la même violence. Il fit assembler les habitants et ordonna de creuser, en arrière des points les plus faibles de l'enceinte, un large fossé surmonté d'un parapet. On se défendrait dans ce second retranchement, si les remparts étaient forcés.

A cet appel, les habitants vinrent en grand nombre; le travail fut accompli pendant la nuit, et même avec entrain et gaieté, car on commençait à s'habituer au bruit des projectiles.

Le lendemain, 10 septembre, les alliés voyant le peu de succès de leur feu, résolurent de prendre la place à revers. Ils construisirent une seconde batterie aux Perrières, dans une position judicieusement choisie, à l'abri du canon du Château et de celui de Talant. Cette position était juste à l'opposé de celle de l'Est, ce qui leur permettait de couvrir la ville de feux convergents.

Le gouverneur comprit l'immensité du danger. Il ne pouvait penser à faire une sortie pour repousser l'assiégeant et bouleverser ses travaux. Il n'avait pas, dit un historien, la moitié de troupes qu'il lui aurait fallu. Une grande effervescence régnait dans la ville, car de partout on apercevait les nouveaux préparatifs, dont la signification était claire. La Trémoïlle se décida à employer ses talents de diplomate, et ordonna de hisser le drapeau parlementaire.

Aussitôt que le feu eut cessé, de nouveaux envoyés franchirent les portes. Ils étaient quatre, et c'étaient les premiers personnages de la ville : le Gruyer de Bourgogne, Jean de Baissey; le grand-bailli du Dijonnais, Jean de Rochefort; le premier président du Parlement, Humbert de Villeneuve, et René de Mézières, le propre neveu de La Trémoïlle. Ils se rendirent à la Chartreuse, où était établi depuis la veille le quartier général des assiégeants. Mais les chefs des alliés se montrèrent intraitables. Ils réclamèrent hautement la capitulation de la ville et la cession du duché à l'Autriche. Les parlementaires déclarèrent qu'ils n'avaient pas mission de souscrire à ces conditions, mais que si l'attaque continuait, les Dijonnais étaient résolus à s'ensevelir sous les ruines de leur cité, plutôt que de trahir le roi et de mutiler la patrie. Sur quoi, ils se retirèrent. Lorsque La Trémoïlle connut le résultat négatif de cette entrevue, il donna lui-même l'ordre de reprendre le feu; les alliés répondirent, et le bombardement recommença.

Cette fois, il dura longtemps, la nuit même ne put l'interrompre. L'effet en fut complet. Frappées sans relâche de projectiles pesant jusqu'à quarante-cinq livres, nombre de tours s'écroulèrent, les remparts furent gravement endommagés et deux brèches ne tardèrent pas à s'ouvrir : l'une en face de la première batterie, l'autre devant la seconde.

Mais la garnison ne faiblit pas. Les canonniers, aveuglés par la poussière et la fumée, continuaient à servir leurs pièces avec ce calme et cette régularité qui a de tout temps fait l'honneur de cette arme savante. Les soldats, les miliciens eux-mêmes, se tenaient impassibles sous le feu, à côté des tours renversées et des murs troués, sans s'émouvoir de l'effroyable vacarme des détonations et du bruit sinistre des toitures et des maçonneries qui s'effondraient de toutes parts.

Le château et le fort de Talant pouvaient balayer, avec leur puissante artillerie, tout ce qui était à leur portée :

ils ôtèrent aux alliés l'envie d'attaquer la ville de leur côté.

Sous cette prodigieuse canonnade, nos échevins siégeaient en permanence à l'hôtel de ville. Courageux et pleins de sang-froid, ils veillaient à tout. Sachant que beaucoup d'habitants n'avaient pu se procurer du blé, ils décidèrent d'en faire faire une distribution aux indigents. Cette décision fut exécutée sur le champ, et aux frais personnels des échevins, qui s'engagèrent à en payer le prix. Chacun d'eux répondit pour une certaine somme. Cette attitude montre que ces hommes n'avaient pas perdu la tête et qu'ils étaient à la hauteur de ces graves circonstances. Cela fait suffisamment leur éloge.

Pendant que l'artillerie faisait rage, la cavalerie inoccupée se répandait dans les environs. Ses coureurs visitèrent les villages, les rançonnèrent et les pillèrent pour ravitailler l'armée ; ils forcèrent les paysans à s'enfuir. Mais ils y trouvèrent peu de chose, car, comme nous le savons, presque toutes les récoltes avaient été amenées dans la ville assiégée.

Cependant, les raisins commençaient à mûrir. Les Allemands et les Comtois s'en gorgèrent et en emportèrent le plus qu'ils purent, à la grande colère de nos vignerons.

VII

Au centre de la ville, derrière l'ancien palais de nos ducs, s'élève une église bâtie au XIIIe siècle et consacrée seulement en 1334 par Hugues de Tabarie, évêque coadjuteur de Langres.

Cette église est un chef-d'œuvre de l'architecture ogivale, un vrai joyau.

Ses galeries élégantes soutenues par de minces colonnettes, ses voûtes merveilleuses de légèreté et de grâce, sa lanterne d'un jet hardi et puissant, la pureté des lignes de son portail, la magnificence de sa façade, en font un monument des plus admirés de l'étranger et des plus aimés des Dijonnais.

Notre-Dame était la première paroisse de Dijon ; c'était celle de la vicomté-mairie, et chaque année, après les élections, le maire s'y rendait pour prêter devant l'autel, avant d'entrer en fonctions, le serment solennel de bien remplir ses devoirs.

Notre-Dame avait été construite à la place d'une vieille chapelle, appelée Sainte-Marie. On y vénérait une antique statue de la Vierge, qui avait été sculptée par un artiste inconnu dans la première moitié du xiie siècle, et qu'on nommait Notre-Dame du Marché ou Notre-Dame de l'Apport, en latin *Domina nostra de Foro* ou *de Aportagio*. En basse latinité, ces deux mots : *forum* ou *aportagium*, ont à peu près la même signification. Ils expriment l'idée d'une foire, d'un marché, d'un rassemblement périodique. C'est l'origine du nom dont il s'agit, car la chapelle était située près d'un marché. De l'église romane où elle fut placée d'abord, cette statue passa dans l'église ogivale qui lui succéda et dans laquelle on la voit encore aujourd'hui.

A cette époque, où la foi religieuse était universelle et profonde, la piété vive et ardente, on considérait cette image vénérée comme le palladium de la cité. Elle était le but d'un incessant pèlerinage, comme elle l'est encore aujourd'hui. C'était à son autel qu'en 1443 les vainqueurs du fameux pas d'armes de Marsannay-la-Côte avaient voulu appendre leurs écus.

La nuit du 10 au 11 septembre avait été affreuse. Les assourdissantes détonations n'avaient pas discontinué, et on remarquait que le feu de l'ennemi acquérait de plus en plus la supériorité. Deux brèches étaient ouvertes et praticables. La population le savait. Elle savait aussi que l'assaut ne tarderait pas et que, d'un instant à l'autre, les têtes de colonnes suisses pouvaient apparaître. La situation, d'ores et déjà, pouvait être tenue pour désespérée.

Le 11 septembre était un dimanche. Malgré le danger que présentait la circulation, les églises, et particulièrement celle de Notre-Dame, étaient remplies de vieillards, de femmes et d'enfants. Les hommes des milices étaient tous à leur poste à côté des soldats et s'apprêtaient à faire courageusement leur devoir.

Arrêtons un instant ce récit et cherchons à nous rendre compte de l'état d'âme de cette partie de la population, effrayée et impuissante, menacée à bref délai des pires horreurs, du pillage, de l'incendie et de l'extermination. L'église où elle s'est réfugiée retentit du fracas des grosses pièces de siège, mêlé au bruit strident du canon des remparts ; tout autour, les boulets sillonnent les rues et renversent les maisons ; les pères, les fils, les frères, les maris, les fiancés, tous sont sur les brèches, face à l'ennemi qui va s'élancer à l'assaut..... C'est surtout pour eux que tremblent et que prient ces vieillards, ces femmes, ces enfants !.... Aucun secours humain n'est attendu ni possible.... Mais cette foule, où tous les rangs sont confondus dans l'universalité du malheur et de l'angoisse, cette foule croit en Dieu ; elle croit au gouvernement du monde par une intelligence toute-puissante, par une bonté infinie qui aime à se pencher vers la misère et la faiblesse, surtout vers la misère qui se reconnaît, vers la faiblesse qui s'avoue et qui crie : à l'aide ! Elle croit aussi, cette foule, que ce cri sera entendu, surtout lorsqu'il s'échappe du cœur du pauvre et de l'opprimé, lorsqu'il sort de la poitrine de tous ceux qui tremblent et de tous ceux qui pleurent ; et cette ferme confiance, attachée aux entrailles mêmes de l'humanité, se manifeste spontanément et avec une force irrésistible aux heures solennelles, où la voix de tout un peuple s'élève vers le ciel pour lui demander une intervention qui peut maîtriser les événements et en changer le cours !

C'est ici que se place l'épisode de la procession.

VIII

Certains écrivains anciens en ont rapporté l'histoire, mais en l'entourant de circonstances, transmises par la tradition, et qui ne sont pas authentiques. On a raconté en effet que cette fonction religieuse revêtit un caractère extraordinaire de solennité et d'apparat ; elle aurait eu lieu autour des remparts, selon les uns pendant le bombardement, selon les autres pendant la trêve. Tout le clergé de la ville y aurait été réuni, portant les reliques des saints ; le gouverneur, son état-major et toute l'armée y auraient assisté ; on ajoute que les magistrats et les corps constitués suivaient, accompagnés d'un peuple immense, avec des flambeaux allumés à la main ; on indique enfin d'autres détails qui appartiennent au domaine de l'imagination et de la légende.

Le dernier et récent historien du siège, M. le chanoine Thomas, curé de Notre-Dame, dans son ouvrage remarquable et très documenté, a rétabli la vérité sur tous ces points. Les choses ne se sont pas passées ainsi, et les documents contemporains ne disent rien de semblable. Les lettres patentes de Michel Boudet, évêque de Langres, rédigées peu après le siège, contiennent le récit de la procession, écrit par ceux-là mêmes qui y assistèrent, et qui nous apprennent ce qui eut lieu réellement.

La procession ne fut pas organisée d'avance. Elle fut le fruit naturel et spontané de l'explosion des sentiments de cette multitude, rassemblée à Notre-Dame dans la matinée du 11 septembre. Ce fut bien ce jour-là qu'elle se fit, et non le lendemain pendant la trêve. Elle présente tout le caractère d'une manifestation improvisée de croyants et de désespérés. On n'eut pas le temps de songer à réunir le clergé des autres églises, ni d'y faire figurer les reliques des saints, qui étaient nombreuses à Dijon. Ni le gouverneur ni l'armée n'y assistèrent ; ils étaient à leur poste et ne pouvaient le quitter. Les magistrats et les corps constitués n'y furent pas convoqués ; ils surveillaient les événements qui se déroulaient avec rapidité. La procession ayant eu lieu pendant la canonnade ne fit pas le tour des remparts ; c'eût été exposer à la mort une foule pacifique et désarmée.

Mais elle n'en reste pas moins un fait saisissant dans sa simplicité. Ce fut un mouvement populaire qui la produisit, et il faut s'incliner avec respect et sympathie devant ces hommes et ces femmes qui, dans une situation épouvantable, destitués de tout secours humain, ont trouvé cependant dans leurs cœurs une suprême ressource, et fait monter vers le ciel une ardente supplication avec la conviction ferme et assurée qu'elle sera entendue !

Voici ce qu'on peut tenir pour certain. La procession s'organisa donc spontanément, sans qu'on puisse en connaître les initiateurs. On descendit la statue de son trône ; portée par les diacres, environnée du nombreux clergé de l'église revêtu des ornements sacerdotaux, suivie d'une foule angoissée et recueillie, elle s'avança dans les rues.

Il est vraisemblable que la marche processionnelle ne dura pas très longtemps. Il fallait éviter les voies où le danger était trop grand, comme la rue du Change, qui pouvait être enfilée par les boulets de la batterie des Perrières.

On prit donc, au sortir de Notre-Dame, la rue de l'Arbre-de-Jessé (partie de la rue actuelle des Forges qui aboutit à la place des Ducs-de-Bourgogne) pour revenir par la rue Verrerie et celle de la Chouette, et de là rentrer dans l'église. La position centrale de ces rues les mettait à l'abri des projectiles.

Le souvenir de cet acte religieux resta profondément gravé dans l'esprit de la population. Il grandit avec le temps. La réalité historique du fait s'entoura peu à peu de circonstances surajoutées par l'imagination populaire qui aime le merveilleux. S'il est impossible d'admettre tous les détails dont cette manifestation touchante s'est enrichie au cours des années, nous allons voir cependant qu'elle fut suivie de faits surprenants qui amenèrent, contre toute prévision humaine, la délivrance prompte et complète, de la Ville assiégée.

Ici les événements vont se précipiter.

La Trémoïlle avait prévu les difficultés du ravitaillement de l'armée des alliés. Stationnée sur un territoire restreint, déjà ravagé, elle ne pouvait, malgré sa cavalerie nombreuse et entreprenante, étendre bien loin ses réquisitions.

Les commandants Suisses et Allemands étaient inquiets ; car ils ne possédaient pas les moyens puissants et rapides que nous avons aujourd'hui, pour renouveler leurs vivres, et surtout leurs munitions que le bombardement allait promptement épuiser. Mais les Allemands et les Comtois n'en étaient pas ébranlés ; ils voulaient au contraire brusquer la solution.

Il en était autrement des Suisses. L'Empereur ne venait pas ; ils étaient mécontents de le voir faillir à ses promesses. Ils manquaient d'argent ; les difficultés du siège les décourageaient, car ils avaient cru s'emparer de la ville par surprise. En somme, la capitale de la Bourgogne, par sa résistance courageuse, leur semblait moins attrayante. Et puis, ses faubourgs n'étaient-ils pas détruits ? Sans doute aussi les habitants avaient mis leurs richesses en sûreté... La prise d'une place ainsi désemparée vaudrait-elle le sang qu'elle coûterait ?

De là, des discussions entre eux et les Allemands, discussions qui ne tardèrent pas à tourner à l'aigre. La Trémoïlle était au courant de ces dissentiments, car il avait des affidés parmi les Suisses. On le sut plus tard, et comme le font entrevoir certains documents suisses, ces affidés pénétrèrent secrètement dans la place, et renseignèrent le gouverneur.

La Trémoïlle fut alors véritablement inspiré. Une seconde fois il résolut de jouer le rôle de diplomate, et d'ouvrir de nouvelles négociations en essayant de profiter des dissensions des alliés, de les diviser davantage en accentuant ces dissensions, pour arriver à une entente. Capituler, il n'y avait jamais songé, mais il voulait fermement conserver le Duché à la France.

Le drapeau blanc fut de nouveau hissé, et on sonna au parlementaire. Le feu cessa et une seconde ambassade s'achemina vers le camp des Suisses au Creux d'Enfer. Elle avait à sa tête le grand gruyer de Bourgogne, Jean de Baissey, homme intrépide, éloquent et adroit. On ignore les noms de ceux qui l'accompagnaient.

Les soldats suisses étaient si près des remparts qu'ils purent s'entretenir avec les assiégés pendant la suspension d'armes. On parla de la possibilité de la paix, que tout le monde paraissait désirer.

On ne sait au juste ce qui se passa dans cette première entrevue, les documents qui la concernent ayant été perdus. Ce qui est certain, c'est que les Suisses s'y montrèrent fort adoucis. Mais ils réclamèrent la présence du gouverneur en personne, ils ne voulaient discuter qu'avec lui.

Il était de principe, alors comme aujourd'hui, que le commandant d'une place forte ne doit jamais quitter son poste pour négocier avec l'ennemi. Il doit charger des parlementaires de ce soin. Mais à toute règle il peut y avoir des exceptions. La Trémoïlle consulta le conseil, dont l'avis fut qu'il devait accepter. Un sauf-conduit fut demandé, et cette pièce arrivée, le gouverneur se rendit au camp des Suisses. Là, il entendit formuler leurs propositions : le roi de France devait abandonner le Milanais et le duché de Bourgogne ; on demandait la restitution des prisonniers de guerre, et le recours à un arbitrage pour régler les autres questions pendantes.

La Trémoïlle discuta pied à pied avec chaleur et habileté Il maintint les droits du roi sur les territoires contestés ; il repoussa hautement l'arbitrage, et ouvrit adroitement la porte aux réclamations pécuniaires des Suisses, qu'il savait en partie fondées, se faisant fort d'en obtenir du roi le règlement. Enfin, il fit appel au bon sens des Suisses, et à leur modération.

Ceux-ci désirèrent se retirer pour délibérer de nouveau, et l'entrevue prit fin.

Le gouverneur s'était adressé seulement aux Suisses, dont il connaissait les pensées secrètes. Les Allemands et les Comtois étaient restés en dehors de la négociation. Ils ne tardèrent pas à apprendre ce qui venait de se passer, et leur colère fut extrême ; ils se crurent joués. Ils accablèrent les Suisses de reproches, mais ceux-ci déclarèrent qu'ils continueraient les pourparlers. A ces paroles, Ulrich de Wurtemberg, qui commandait les Allemands, se fâcha tout rouge, et ordonna de reprendre le bombardement.

La place répondit au feu des Allemands ; la consternation régna de nouveau dans la population qui se croyait au terme de ses maux. Le duel d'artillerie dura toute la nuit ; cependant les Suisses observaient la trêve. Le lundi matin, les Allemands et les Comtois se préparèrent à l'assaut. Ulrich désigna douze bannières, c'est-à-dire douze bataillons, qui devaient marcher par quatre, et trois fois de suite.

Au signal donné, les colonnes s'ébranlent à la voix de leurs officiers ; elles se précipitent vers la brèche faite par la batterie des Perrières, dans la courtine entre la porte Guillaume et la porte d'Ouche. Les hommes avancent péniblement sous une grêle de projectiles. Il pleut à verse ; ils glissent et trébuchent sur les éboulis, les rangs ne tardent pas à se rompre, l'élan est brisé, c'est dans le plus complet désordre qu'ils arrivent de l'autre côté du rempart. Mais alors ils se trouvent en présence du fossé creusé par les ordres de La Trémoïlle, et du nouveau retranchement dont ils ignoraient l'existence, dont la crête est couronnée de combattants. En même temps, les milices prononcent un mouvement tournant et menacent de flanc les assaillants. Ceux-ci, surpris, manquant de fascines pour combler le fossé, s'arrêtent. Il faudrait la fougue impétueuse des Suisses pour s'y précipiter et escalader l'escarpe. Mais le courage froid des Allemands ne peut y suffire. Vainement les officiers s'efforcent d'enlever leurs hommes; sourds à leur voix, ils restent immobiles. Enfin, devant l'attitude de plus en plus menaçante des assiégés, la retraite est ordonnée; l'insuccès était complet.

Tel fut le dernier fait militaire du siège.

IX

La Trémoïlle retourna, le soir, au camp des Suisses; ni les Allemands, ni les Comtois ne s'y trouvèrent, et on traita sans eux. Après de nouvelles discussions sur des points de détail, on finit par tomber d'accord. La Trémoïlle stipula au nom du roi de France dont il était lieutenant-général et gouverneur pour le duché de Bourgogne; les généraux suisses s'engagèrent au nom de la Confédération. L'original du traité est perdu, mais une copie en est parvenue jusqu'à nous. Ce traité comprend huit articles dont voici le résumé. Le roi devait abandonner le Milanais, rendre au Pape les villes, terres et châteaux dont les Français s'étaient emparés, ainsi que les terres et seigneuries appartenant à la Franche-Comté; on devait payer aux Suisses 400.000 écus « à la Couronne », soit environ quatre millions de francs de notre monnaie, et dix mille écus semblables au duc Ulrich de Wurtemberg, le tout à titre d'indemnité de guerre. Le duché de Bourgogne restait à la France.

Avant la signature, un incident faillit tout remettre en question. Les Suisses exigèrent un acompte sur la somme promise, faute de quoi ils reprendraient les hostilités. On leur objecta que le traité déterminait les échéances de paiement et qu'on ne pouvait, au dernier moment, revenir sur ce qui avait été consenti. La Trémoïlle intervint pour discuter cette nouvelle prétention, et pour en finir, il offrit vingt-cinq mille francs comptant. Les Suisses se décidèrent à accepter, et demandèrent cinq otages pour la garantie du surplus. Ces otages s'offrirent d'eux-mêmes, l'histoire doit conserver leurs noms. L'un d'eux était René de Maizières, le neveu de La Trémoïlle, que nous connaissons ; les autres étaient Jean de Rochefort, bailli de Dijon, Bénigne Serre, Jehannin Noel, et Philibert Godran, ces deux derniers échevins.

Le lendemain matin, deux commissaires furent désignés dans chaque paroisse pour recueillir la somme qu'il fallait verser de suite. Les personnes riches furent généreuses, particulièrement les membres du clergé, du Parlement et de la chambre des Comptes. A midi, la somme était entièrement réunie et fut remise aux Suisses. Ensuite de quoi la paix fut criée dans les rues.

La guerre était, en effet, terminée, et dès le soir même les premiers échelons de l'armée alliée s'ébranlèrent pour le départ ; quelques jours après l'évacuation du duché était un fait accompli. Le surplus des quatre cent mille écus fut payé bien plus tard aux Suisses par François Ier, après la victoire de Marignan.

Le Siège de Dijon, dit un historien, sera toujours placé au rang des événements remarquables du xvie siècle, non point par sa durée, ni par ses tragiques péripéties, car il fut court et point meurtrier. Mais il est un fait important parce qu'il arrêta les Suisses, et que, par l'habileté et la prudence de La Trémoïlle, il préserva la France d'une invasion dont il serait difficile de calculer les conséquences funestes, dans les malheureuses conjonctures où se trouvait alors le royaume. Guichardin remarque, en effet, qu'après la prise de Dijon, les Suisses n'auraient rencontré aucune résistance jusqu'au portes de Paris.

Aussi, son souvenir a vécu et vit encore.

L'enchaînement des derniers faits qui ont amené la solution nous a paru étonnant. Il avait frappé bien davantage ceux qui en avaient été les témoins. L'heureuse et subite inspiration du gouverneur, sa promptitude et son habileté à renouer les négociations ; le changement surprenant des dispositions de l'ennemi ; l'échec d'un assaut soigneusement préparé et que tout favorisait ; enfin ce fait stupéfiant qu'aucune victime n'était tombée dans la ville pendant cette violente canonnade de plus de quarante heures, qui couvrit Dijon de boulets et causa d'immenses dégâts matériels, fait attesté par tous les documents contemporains, tout cela leur parut incroyable, en dehors et au-dessus des prévisions humaines. Ils y virent ce qu'on appelle *le doigt de Dieu*.

Chez les hommes de cette époque, la foi avait des racines trop profondes pour qu'on ne crut pas devoir manifester à Dieu la reconnaissance de ce bienfait par un acte public, destiné aussi à conserver la mémoire de cet événement prodigieux et inespéré.

Donc, à l'approche du premier anniversaire de la délivrance, le 4 septembre 1514, le vicomte-maïeur Pierre Sayve. qui avait succédé à Bénigne de Cirey, réunit la Chambre de ville, avec l'adjonction d'un certain nombre de notables et d'une partie du clergé.

Il proposa à cette assemblée de faire quelque chose « pour rendre grâces au Créateur » — ce sont ses propres expressions — « d'un si grand bienfait, et de férier une
« feste audit jour anniversaire, en signe de perpétuelle
« mémoire ».

On décida d'accueillir cette proposition et de faire, le 12 du même mois de septembre, une procession générale et solennelle, c'est-à-dire une procession à laquelle prendraient part tout le clergé et tous les habitants de la ville, et que cette procession serait renouvelée chaque année à perpétuité.

Deux jours après, par une sorte de *referendum* avant la lettre, la même proposition fut soumise à tous les citoyens réunis à l'hôtel de ville pour être ratifiée par eux. Elle le fut d'enthousiasme.

C'est ce qu'on a appelé *le vœu de la ville de Dijon*. La procession eut lieu, en effet, et elle se continua chaque année. Interrompue à la fin du xvi° siècle par la peste, elle fut reprise ensuite, et cette coutume fut observée jusqu'en 1658, époque à laquelle on n'en trouve plus de trace.

Mais l'église Notre-Dame, qui avait été le principal témoin des angoisses du siège, ne voulut pas laisser périr la tradition. Une fête commémorative y fut célébrée chaque année et l'on y fit une procession paroissiale. Lorsque la procession générale de la cité fut tombée en désuétude, elle en recueillit l'héritage et les honneurs.

Une confrérie y avait été fondée eu 1515, sous le vocable de Notre-Dame de Bon-Espoir, titre qui avait succédé à celui de Notre-Dame de l'Apport ou du Marché, pour désigner la Vierge Noire de Dijon ; cette confrérie se chargea de faire célébrer la fête et de maintenir dans la paroisse la procession du vœu.

Tombée elle-même, semble-t-il, à la fin du xvii° siècle, elle fut rétablie en 1726. Elle existe encore aujourd'hui et s'inspire toujours de la même pensée que l'ancienne. C'est la dernière institution qui se rattache à ces souvenirs anciens et émouvants : le culte de la vieille image, les péripéties du siège, la délivrance miraculeuse et le vœu de la ville de Dijon.

X

Voyons, en terminant, quelle a été dans les arts et la littérature l'influence de cet événement historique. Dans les arts, si l'on met à part les images de Notre-Dame-de-

Bon-Espoir, le sujet n'a été traité qu'une seule fois par un artiste ignoré, mais d'une façon magistrale. Nous voulons parler de la célèbre tapisserie qui faisait partie du trésor de Notre-Dame et qui appartient aujourd'hui au Musée de la ville de Dijon.

Ce « tableau à l'aiguille » est un précieux monument, parce qu'il est presque contemporain du Siège, dont il reproduit, d'une manière saisissante, les principaux épisodes.

Les costumes civils, religieux et militaires, les armes, les drapeaux et les tentes, tous les détails enfin sont copiés avec un soin minutieux et un art parfait. Il date d'une époque très peu postérieure au siège, et l'artiste a dû voir les choses qu'il représente, ou être renseigné par des témoins oculaires. Gabriel Peignot nous apprend qu'un ancien directeur des manufactures de Beauvais, qui l'a examinée attentivement, pense que cette tapisserie a dû être dix ans au moins sur le métier. M. de Saint-Mesmin a remarqué « que le dessin se distingue par une « expression naïve et une grande richesse de composi-« tion, opposées à des fautes d'ordonnance et de perspec-« tive qui n'ont plus été tolérées depuis ».

La coloration en est fortement atténuée par le temps, et l'œuvre présente un aspect terne et grisâtre qui est encore une preuve de son ancienneté. Elle a été restaurée aux Gobelins il y a environ quarante ans, et c'est avec raison que lors de cette restauration on n'a pas rafraîchi les couleurs.

En voici la description sommaire d'après Gabriel Peignot et M. Chabeuf.

Cette tapisserie a une hauteur de près de trois mètres et un développement en largeur d'un peu plus de six mètres. Selon M. Chabeuf, elle serait d'origine flamande et sortirait des ateliers d'Arras.

Elle embrasse trois compartiments, séparés par des colonnes ornées de guirlandes. Au-dessus des chapiteaux, on voit des écussons avec un chiffre que Gabriel Peignot a cru être la marque de la manufacture où elle a été fabriquée. Mais cela est-il exact ? M. Chabeuf remarque que les écussons portent la lettre G surmontée de ce signe qu'on appelle le 4 du commerce. Malgré les recherches des savants, on ignore encore la signification précise de ce chiffre, mais, ce qui est certain, c'est qu'il n'était employé que par les négociants.

Ceci posé, M. Chabeuf a émis récemment une conjecture ingénieuse à ce sujet. Il pense que ces écussons doivent porter la signature du donateur, et que ce donateur pourrait bien être Philibert Godran. C'était un riche marchand de Dijon, échevin au moment du siège, et qui fut emmené comme otage par les Suisses. Il revint en 1515 dans son pays, après avoir passé par des tribulations et échappé à des dangers qu'il serait hors de propos de raconter ici. On peut donc supposer qu'il aurait commandé cette tapisserie pour la déposer en *ex-voto* devant la chapelle de la Vierge Noire. Sans doute, ce n'est qu'une hypothèse, mais cette hypothèse fait honneur à la sagacité et à la pénétration de l'éminent érudit dijonnais.

Revenons à notre description. L'ensemble de la tapisserie est encadré d'une bordure de feuillage, et chaque compartiment contient un sujet distinct et traité à part.

On remarque dans le premier le camp des assiégeants, les armées suisse et impériale avec leurs drapeaux. L'artillerie tire sur la ville, les généraux sont au premier plan. En face, les assiégés avec leurs chefs, enseignes déployées. Dans le fond, la perspective de Dijon, Saint-Bénigne et Saint-Philibert, dont le clocher venait d'être reconstruit.

Dans le second les canons ne sont plus braqués, et les assiégeants sont déconcertés. On voit dans la ville la procession avec son cortège nombreux et brillant. La Vierge la regarde du haut du ciel. Dans le fond, la tour de Bar, masquée en partie par l'église Notre-Dame avec le Jacquemart, et la tour carrée des ducs de Bourgogne, construite par eux pour permettre de surveiller les bandes d'*Ecorcheurs* qui terrorisaient les campagnes.

Le troisième compartiment nous fait voir en prolongement de la ville La Trémoïlle à genoux devant la Vierge Noire dans sa chapelle. Cette attitude est conforme à ce que l'on sait des sentiments profondément religieux de ce grand homme. Son cheval de bataille l'attend à la porte de l'église.

Enfin, l'ennemi de plus en plus déconcerté prend possession des otages et se retire. On remarque un cheval blanc, chargé de deux coffres, qui contiennent sans doute les 25.000 francs, seul butin que les Suisses emportèrent.

L'artiste a su faire une œuvre expressive, et réunir, d'une manière heureuse, dans un seul tableau plein de vie et de couleur locale, les scènes les plus frappantes du Siège.

Cette œuvre unique, si belle et d'un si haut prix pour l'histoire, avait été, pendant la Révolution, vendue à un brocanteur.

Rachetée sous le premier Empire par M. Ranfer de Bretenières, alors maire de Dijon, elle fut placée d'abord dans l'ancien Hôtel de Ville. Lorsque, en 1832, la mairie, cédant la place aux Archives départementales, vint s'installer au Palais des Etats, la tapisserie fut donnée au Musée.

XI

Il eût manqué quelque chose aux événements de 1513, s'ils n'eussent été chantés par les poètes.

Ils ont eu cette fortune; je citerai quelques strophes de l'un d'eux. Belles et émouvantes, elles ont été consacrées au Siège de 1513 par Antoinette Quarré.

Antoinette Quarré ! Cette fille du peuple, cette ouvrière sans patrimoine et d'une santé plus que débile, morte à trente-quatre ans, au mois de novembre 1847, est peu connue aujourd'hui.

C'est dommage, car elle est une des illustrations de notre ville; cette humble fille avait reçu du Ciel la flamme poétique, elle possédait le « souffle inspirateur » qui fait de l'âme un instrument mélodieux.

Louée par Lamartine, elle fut admirée de ses contemporains, comme le prouve le beau monument élevé par souscription dans notre cimetière pour conserver sa mémoire, et perpétuer le souvenir de son talent si fin et si pénétrant.

Elle méritait plus encore : elle méritait une lumière moins indécise, un ciel moins refroidi, une renommée plus constante et plus durable, par l'art délicat, la sensibilité exquise, la verve harmonieuse qui caractérisent ses poésies, et surtout les beaux vers que vous allez entendre. Voici comment elle s'exprime dans son *Ode à Dijon :*

....

Mais d'où viennent ces cris au pied de tes remparts,
Dans les champs d'alentour ces bataillons épars,
Ces tentes, ces bivouacs dressés sur la colline,
Et tous ces feux tremblants dont la nuit s'illumine ?
De leurs vallons riants et de leurs pics altiers,
La sauvage Helvétie, appelant ses guerriers,
Les a lancés, nombreux, autour de tes murailles ;
Ils veulent enfoncer le fer dans tes entrailles,
Et de leur pied vainqueur, insulter à ton front,
Pour la première fois, courbé sous un affront.

Reine des temps passés ! qui viendra te défendre ?
Quel secours invoquer, et quel destin attendre ?
Philippe, ou Jean sans Peur blessé d'un coup fatal,
Se levant tout armés du caveau sépulcral,
Viendront-ils, aux éclairs de leurs nobles épées,
Chasser ces légions d'épouvante frappées ?
Ah ! les morts dorment bien dans leur sombre repos,
Et l'éternelle paix règne au fond des tombeaux.
Pourtant, de tous côtés, par la foudre assaillie,
Tu résistes en vain, luttant contre ton sort,
A ces bronzes tonnants dont la gueule en furie
Vomit jusqu'en ton sein le désastre et la mort.

> O toits de nos aïeux! remparts! arbres antiques!
> Palais des souverains! temple aux sacrés portiques,
> Où les femmes en deuil imploraient le Seigneur!
> Vieux témoins de ces jours, retracez-en l'horreur.
> Mais plutôt dites-nous de la Vierge Marie
> La merveilleuse image au feu des camps noircie,
> Les prières, les vœux de ce peuple éperdu,
> Entre l'espoir timide et l'effroi suspendu;
> Par un miracle, enfin, sa foi récompensée,
> La mitraille impuissante ou la flèche émoussée,
> L'arquebuse indocile, et les boulets d'airain
> Repoussés par l'effort d'une invisible main.
> Si le monde railleur hésitait à vous croire,
> Avec orgueil encor montrez la Vierge Noire
> Dont trois siècles n'ont pas altéré la couleur,
> Et que jamais en vain n'invoqua la douleur!

Et, maintenant, il reste un mot à dire. Nous n'avons pas rappelé ces choses pour ressusciter des haines éteintes, ou faire revivre des griefs désormais périmés. Tout cela a disparu avec le temps.

Que de changements en Europe depuis le XVIe siècle! L'équilibre politique des nations s'est déplacé, les générations se sont renouvelées, les mœurs se sont adoucies, les idées ont pris un autre cours, les intérêts se sont transformés.

Depuis longtemps la France et la Suisse se tendent une main amie par-dessus leur frontière; et s'il était besoin d'un souvenir pour effacer celui des luttes d'autrefois, il suffirait de rappeler l'hospitalité offerte et les soins prodigués, en 1871, par le peuple helvétique tout entier, aux soldats de notre malheureuse armée de l'Est, vaincue comme en 1812, moins par le feu de l'ennemi que par les rigueurs d'un hiver exceptionnel!

Si donc, aujourd'hui, on revient sur ce passé lointain, c'est que nous ne voulons pas laisser perdre l'héritage des grandes choses accomplies par nos aïeux. Nous voulons trouver, dans leurs détresses et dans leurs épreuves, des leçons et des exemples pour assurer l'avenir, manifester notre admiration pour eux et aimer de plus en plus cette terre natale, qui non seulement nourrit nos corps, mais aussi s'est imprégnée des traditions, des tristesses, des joies et des gloires qui rayonnent dans l'histoire, élèvent les âmes et font vibrer à l'unisson les cœurs de ceux qui sont tous ses enfants!

M. le Président félicite l'orateur :

Veuillez me permettre de me faire l'interprète de vous tous pour remercier le charmant orateur que nous venons d'entendre.

Il a traité des questions militaires et techniques. Par moments, n'est-il pas vrai? nous avons cru assister à une conférence donnée par un distingué professeur de l'Ecole de guerre.

Comme ses collègues d'hier et depuis lundi, il a mis au grand jour un coin de notre histoire qui, si je juge des autres d'après moi-même, était resté quelque peu obscur dans notre esprit. Il en sort aujourd'hui un brillant reflet, une auréole lumineuse, une lueur que je peux bien qualifier de céleste, puisque c'est l'image et la gloire de la Reine du Ciel. C'est à elle que nous devons les magnifiques réunions de ces fêtes! ces religieuses réunions! ces patriotiques réunions!

Aussi, en reconnaissance pour cette gracieuse Reine, je vous demanderai de lever la séance aux cris de : *Vive la Vierge Noire!*

Les Conséquences internationales du Traité
qui fit lever le Siège

SIXIÈME CONFÉRENCE

PRÉSIDÉE PAR

M. le Colonel de GÉRAUVILLIER
Président de la Croix-Rouge de Dijon

ET PRONONCÉE PAR

M. l'Abbé THOMAS
Docteur en Théologie
Chanoine honoraire et Curé-Doyen de Notre-Dame

le 25 Octobre 1913

M. le président présente le conférencier :

Appelé à l'honneur de présider la séance de clôture des Conférences, je crois être l'interprète de tous en remerciant M. le chanoine Thomas, curé de Notre-Dame, l'excellent organisateur des fêtes, et les orateurs érudits qui nous ont dit si clairement les principaux événements du Siège de 1513.

Les fêtes du IVe centenaire ont provoqué à Dijon un mouvement patriotique et religieux des plus réconfortants. On estime à 80.000 au moins le nombre des entrées à Notre-Dame, cette semaine. Par là on peut juger de ce qu'eût été l'affluence, si un cortège commémoratif avait pu être organisé.

Grâce à l'initiative de M. le Curé de Notre-Dame, on a rappelé en détail les événements de 1513 et glorifié le patriotisme et la foi religieuse de nos ancêtres bourguignons. On vous a dit l'aide apportée par les milices aux troupes régulières et le concours prêté à La Trémoïlle par le clergé et tous les corps constitués. En 1870, comme en 1513, les mobiles de la Côte-d'Or se sont illustrés sous la conduite des lieutenants-colonels de Grancey et d'Andelarre.

Actuellement, les convoitises de certains Allemands restent les mêmes qu'en 1513 et en 1870. Les pangermanistes avec leur devise « Deutschland über alles », l'Allemagne au-dessus de tout, et avec la doctrine « La force prime le droit », rêvent encore de conquérir la Bourgogne, arguant au besoin de droits à l'héritage de la princesse Marie, fille de Charles le Téméraire.

En face des ambitions de l'Allemagne et des agissements des sectaires, restons unis, patriotes et catholiques, comme on vient de l'être pour le rétablissement du service de trois ans. L'avenir de la France dépend de cette union, et, lors de la prochaine guerre, les dames de Dijon prêteront leurs concours aux combattants, en se groupant d'avance dans les sociétés de la Croix-Rouge pour être prêtes à soigner les malades et les blessés.

En l'absence de M. Delpech, je donne la parole à M. le chanoine Thomas, curé de Notre-Dame.

La séance est ouverte.

Conférence de M. l'abbé Thomas

Mesdames et Messieurs,

Les paroles que vient de prononcer M. le Président sont celles d'un chrétien et d'un patriote. On y sent battre un cœur généreux devant les deux grandes causes qui nous réunissent ici : celle de l'Eglise et celle de la France. Ces deux nobles causes, il les a vaillamment servies dans toute sa carrière d'officier, et il les sert encore avec le don constant et absolu de lui-même comme président de l'œuvre de la Croix-Rouge. Cette œuvre, il vient de vous la recommander chaudement ; je suis heureux de m'associer à son appel en faveur de ceux qui ont souffert au service de la Patrie. Dans la période de rénovation militaire où nous sommes, tous les vrais Français, les catholiques les premiers, se sont donné la main autour de la défense nationale ; il sortira de cette union, c'est notre espoir, une France d'autant plus forte qu'elle sera plus unanimement aimée et qu'elle se trouvera servie par les dévouements religieux de tous ses enfants.

Mesdames et Messieurs,

Un élégant et fin conférencier, professeur de droit international à l'Université de Dijon, devait nous parler aujourd'hui du dernier acte du Siège. Il avait reçu mission de commenter le Traité qui motiva le départ des assiégeants. Cet acte diplomatique, il voulait l'examiner au point de vue des impressions qu'il produisit à Dijon, à Paris, dans les autres capitales, et surtout par rapport aux conséquences internationales dont il fut une des causes déterminantes. Retenu très loin de nous par des devoirs de famille, il n'a pu venir prendre une place qu'il eût occupée avec tant de compétence, et il m'a laissé le devoir périlleux de le suppléer. Je dis périlleux, parce qu'il s'agit au fond d'une étude de droit international dont il est un des maîtres, et parce que nos précédents orateurs ont tous parlé avec une érudition et avec une éloquence que je leur envie, sans pouvoir prétendre les égaler.

I

La procession faite, le 11 septembre 1513, les chefs des cantons helvétiques ne se reconnaissaient plus ; leurs dispositions étaient changées[1]. Notre-Dame d'Espoir les avait touchés de l'un de ses rayons. Vous savez quels avaient été jusque-là ces farouches montagnards : insensibles à toute pitié, avides de pillage et de meurtres, résolus à saccager Dijon et à conquérir la Bourgogne au profit de l'empereur d'Autriche. Maintenant, ils écoutent les

---

[1]. Voir pour plus de détails sur cette conférence mon ouvrage : *La Délivrance de Dijon en 1513, d'après les documents contemporains*, Dijon, 1898.

propos charmeurs de Louis de La Trémoïlle. Il leur fait des propositions qu'ils agréent, ils oublient les ressentiments qu'ils avaient contre nous et toutes les colères qui avaient armé leurs bras ; ils vont même jusqu'à se défaire de leur naturel sauvage et à se poser, au moins un certain nombre, en amis de La Trémoïlle et des Français. Leurs chefs reçoivent le gouverneur de Dijon avec confiance et leurs soldats fraternisent avec les nôtres.

Ils exigent, il est vrai, la promesse d'une forte indemnité de guerre ; mais ils se contentent d'un acompte presque insignifiant : vingt-cinq mille francs ! Un peu plus de cinquante centimes par homme, ce n'est qu'un pourboire ! En tout cas, Bénigne de Cirey, le vicomte-maïeur, le leur paie bien vite. Ils partent dès le lendemain, le 13, à 3 heures du soir. Comme ils sont, malgré tout, gens pratiques, et qu'ils se montrent assez méfiants, ils emmènent avec eux cinq otages, qui répondront sur leur tête du paiement intégral de la rançon.

Il est vrai aussi, les chariots qu'ils ramènent sont vides, et l'artiste qui a dessiné la tapisserie du Musée de Dijon ne l'a pas constaté sans malice, en étalant sous les yeux cette longue suite de chariots que n'encombre aucun bagage, et sur lesquels leurs conducteurs comptaient bien déménager les riches bourgeois de Dijon avec leurs meubles et leur bon vin, sans oublier l'argenterie des églises et des couvents. Ils étaient tout de même contents, parce qu'ils avaient à toucher, à la Saint-Martin prochaine, la moitié de leurs quatre cent mille écus d'or, et le reste quinze jours après. C'étaient les termes des paiements inscrits dans le traité. Si l'espérance est dorée, comme l'a dit le poète grec, ἐλπὶς Χρυσῆ, que dirons-nous d'elle quand elle fait miroiter aux yeux quatre cent mille écus d'or ? Les Suisses avaient raison de penser qu'après tout c'était une assez belle moisson et qu'on ne la trouvait pas sur les pentes abruptes de leurs montagnes.

Mais que durent penser les Dijonnais en voyant déguerpir leurs ennemis ? Ils étaient trop heureux pour s'apitoyer sur l'énormité de leur rançon. En gens de cœur qu'ils étaient, ils mirent le salut de leur vie et la délivrance de leur ville bien au-dessus de l'indemnité de guerre. Plaie d'argent n'est pas mortelle, ont toujours dit les Français. Et nos ancêtres le pensèrent d'autant plus aisément que La Trémoïlle avait eu l'habileté de mettre le paiement au compte du roi, c'est-à-dire de l'Etat.

La joie qu'ils éprouvèrent, le 13 septembre 1513, fut si vive et si profonde qu'une année après elle remplissait encore leurs cœurs. Un nouveau maire, Pierre Sayve, réunit, le 4 septembre 1514, Messieurs de la Chambre de ville et Messieurs du clergé, selon l'expression consacrée par l'usage, ce qui veut dire : les membres du conseil municipal, les prévôts des monastères et les curés des paroisses. Il leur exposa comment, l'année précédente, après cinq jours de bombardement, « accord et appointement » avaient été faits avec les Suisses, « ce qui avait été, disait-il, chose miraculeuse ». Il en concluait qu'il était convenable « de rendre grâces au Créateur d'un si grand bienfait et d'établir une fête en signe de perpétuelle mémoire ».

Messieurs des Eglises répliquèrent qu'ils avaient déjà parlé entre eux de faire une procession et qu'ils voulaient l'établir à perpétuité.

Ce n'était qu'un premier pas. Deux jours après, les échevins firent ratifier leur décision par une assemblée plus nombreuse, aussi réunie à l'hôtel de ville. Ce jour-là, le vicomte-maïeur évoqua, non sans émotion, les jours d'angoisse de l'année précédente et les supplications douloureuses qui étaient montées vers le ciel. Il parla « de la grande férocité des Suisses », des ravages de leurs canons, de la terreur et de la désolation des habitants. A ce tableau lamentable, il opposa la douce image de la Sainte-Hostie, celle de Notre-Dame d'Espoir et celle des saints protecteurs de la ville. Il signala les divers éléments de l'extraordinaire délivrance : l'inspiration du gouverneur, l'apaisement des Suisses, l'assaut interrompu, la préservation des personnes.

L'assemblée lui répondit en formulant ce que l'on est convenu d'appeler le « Vœu de la ville ». « Il fut alors fait vœu, portera plus tard une ordonnance municipale, de célébrer perpétuellement, en signe de ladite délivrance, une procession solempnelle ».

Le procès-verbal de cette réunion fut inscrit, non sur le Registre des délibérations de la Chambre, mais sur celui des Statuts de la ville, comme une des obligations annuelles qu'elle avait contractées. On le fit ensuite transcrire sur un tableau, et ce tableau fut placé dans la chambre du Conseil, « en un lieu éminent et apparent à chacun »; ce sont les termes mêmes de la délibération du 6 septembre 1514, qui en avait formulé la prescription.

Je ne dirai ni quelle joie printanière anima ces premières fêtes, ni l'éclat qu'elles reçurent de la présence du vicomte-maïeur, des écussons et des torchères armoriées de la ville et des officiers municipaux qui les portaient. Je n'insisterai pas non plus sur leur durée plus que séculaire. Mais je noterai un autre mouvement qui se produisit à côté de cette magnifique démonstration de la cité. Les ardents chapelains de Notre-Dame, tout en s'associant à l'expression générale de la reconnaissance publique, eurent la pensée de célébrer, chaque année, leur fête particulière et leur procession spéciale.

Idée féconde et qui devait avoir à travers les âges un impérissable écho ! En effet, les chapelains mirent sur pied, dès 1514, une confrérie à la fois religieuse et patriotique, qui subsiste encore, et la seule de ce genre, peut-être en France, qui ait franchi un aussi long espace. Ils lui donnèrent pour objet de conserver à jamais ces grands souvenirs. Ils célébrèrent, d'abord au nom de la confrérie, puis au nom de la paroisse, une fête annuelle qui a survécu, comme la confrérie, à toutes les tempêtes politiques. Cette fête annuelle, aucun de vous ne l'ignore, Mesdames et Messieurs, nous la célébrons encore à Notre-Dame ; elle est précédée d'une neuvaine solennelle, celle dont nous avons adopté la forme pour commémorer ce quatrième centenaire.

A cette fête paroissiale, les chapelains, je l'ai dit, joignirent une procession spéciale. Ils la fixèrent au dimanche qui suit la Nativité de la sainte Vierge, c'est-à-dire au jour anniversaire de la procession du Siège, tandis que celle de la ville avait lieu le mardi suivant. Voici, en deux mots, quelle en est l'histoire : Après avoir été longtemps faite, côte à côte, avec la procession générale, celle-ci la supplanta, en attirant à elle les honneurs dont celle-là était environnée : la présence obligatoire du vicomte-maïeur, les armes, les flambeaux et les sergents de la Mairie. Elle fut sans doute suspendue, elle parut morte, peut-être, à certaines époques, mais pour être ensuite reprise, pour se réveiller avec une nouvelle jeunesse, après les crises qui l'avaient empêchée de paraître au dehors ou qui l'avaient contrainte de s'enfermer dans les nefs de Notre-Dame. Chacun de vous sait aussi, Mesdames et Messieurs, que l'œuvre et l'esprit des Mépartistes de 1513 se sont maintenus dans leur église jusqu'à nos jours. Leur foi ardente et leur profond amour de la patrie y sont toujours vivants dans des âmes catholiques et françaises.

Quatre siècles se sont écoulés depuis la délivrance de 1513 et vous êtes venus ici pour en célébrer la gloire. Si nous ne pouvons plus, à cause de l'iniquité des temps, organiser librement l'antique procession de la Vierge Libératrice, dans les rues de notre cité, il nous a été du moins permis de nous rassembler sur ce terrain municipal, dans cette salle admirablement restaurée de nos vieux Etats de Bourgogne, et de montrer aux croyants comme aux incroyants que nous savions nous souvenir, en y allumant, non les flambeaux de nos autels, mais les ampoules électriques qui resplendissent dans cette enceinte et que nous devons aux progrès des temps nouveaux.

C'est donc en toute vérité que nous pouvons dire avec un de nos grands poètes :

> Les siècles tour à tour, ces gigantesques frères,
> Différents par leur sort, semblables dans leurs vœux,
> Trouvent un but pareil par des routes contraires,
> Et leurs fanaux divers brillent des mêmes feux.

Mais revenons aux premières démonstrations qui suivirent le Siège.

Dans les choses de la guerre les triomphes des uns sont les revers des autres, et la joie qui célèbre la victoire a pour contraste les regrets qui suivent la défaite.

Aussi bien, tandis que les événements de Dijon trouvaient en France un écho de fête, ils avaient hors de nos frontières une répercussion bien différente.

En retournant dans leurs montagnes, les Suisses prirent les mêmes routes qu'à leur arrivée, commettant partout les mêmes brigandages et les mêmes atrocités. Au mépris de la foi jurée, ils saccagèrent, dans le duché, les bourgs et les villages. Ils ne respectèrent pas davantage la Comté, pourtant leur alliée. Cette malheureuse contrée les vit, de nouveau, passer comme une trombe dévastatrice.

Les seigneurs franc-comtois rentrèrent, la tête basse, dans leurs manoirs. Ils n'avaient pas lieu de se glorifier d'une campagne qui se terminait pour eux d'une manière si lamentable. Les gens de la Comté leur firent comprendre la faute qu'ils avaient faite en mettant les deux Bourgognes aux prises. Ne s'étaient-ils pas jetés dans une guerre fratricide ? La Comté n'avait-elle pas à craindre les représailles de Louis XII ? Ne pouvait-elle pas s'attendre à lui voir bientôt franchir la Saône à son tour ? Ces réflexions se trouvent exprimées dans les lettres que les Comtois Simon de Rye, Antoine de Saline et Mercurin de Gattinara écrivirent alors à Marguerite d'Autriche. Ils la suppliaient de chercher les troupes qui auraient à les défendre ; ils lui demandaient de négocier entre les deux

Bourgognes un traité de neutralité dont l'idée était agréée par l'empereur, et qui leur permît de ne plus prendre part aux guerres qui pourraient éclater encore entre leurs souverains. De fait, ce traité de neutralité fut conclu, dès 1522, et il dura jusqu'à la fin de la guerre de Trente-Ans.

Le duc de Wurtemberg se vit mettre en cause, dans une diète de l'empire, et s'il parvint à se disculper lui-même, ses capitaines n'en furent pas moins inquiétés et molestés. Ils pouvaient bien dire qu'ils étaient montés à l'assaut, mais il était facile de leur répondre qu'ils n'avaient pu crier : ville prise! et qu'en tout cas ils n'avaient pas tenté le moindre effort contre le château qui commandait la ville. Les Suisses n'avaient-ils pas fait la même faute ? Après avoir pris Milan, n'avaient-ils pas laissé les Français maîtres du château qu'ils possédaient encore à cette heure ?

Le brusque retour des cantons confédérés, qui ressemblait à une fuite, causa, dans toutes leurs montagnes, la plus grande surprise. Ils eurent beau dire qu'ils avaient conclu un traité avantageux ; on leur répondit, de toutes parts, en leur voyant les mains vides, qu'ils avaient fait une retraite ridicule, qu'ils avaient signé une paix d'encre et que leur campagne était une honte pour la Confédération. Dans les villes tout à fait défavorables aux Français, comme à Berne, on attaqua les chefs de l'expédition. Jacques de Wattewil, d'autres encore, furent traduits en justice. Les capitaines suisses surtout n'eurent rien à répondre, quand on leur représenta qu'ils n'avaient pas même osé lancer un obus contre le château. A quoi leur aurait servi, d'ailleurs, la prise d'une ville d'aussi peu d'étendue que Dijon, si l'artillerie du château les avait forcés d'abandonner la place ? Resté au pouvoir des Français, le château ne leur aurait pas même permis de piller la ville ! N'avait-il point précisément gardé pour eux, dans cette rencontre, les projectiles dont ils s'étaient tenus à distance ?

Les inspirateurs de l'expédition, Marguerite d'Autriche et l'empereur Maximilien, furent étrangement déçus. Quel accueil la gouvernante des Pays-Bas fit-elle à ses soldats du Hainaut? Aucun document ne le dit. Je n'ai point trouvé non plus d'indication qu'elle leur aurait payé leur solde. Hans Renner lui demanda très humblement, le 14 octobre 1513, d'avancer les seize mille florins que l'empereur avait promis aux troupes levées par les cantons, Maximilien, toujours à court d'argent, se trouvant dans l'impossibilité de faire honneur à sa parole. Une lettre qu'elle écrivit elle-même à Laurens de Gorrevod, gouverneur de la Bresse, et surintendant de ses finances, nous apprend qu'elle le chargea de payer la gendarmerie d'Ulrich de Wurtemberg. Mais ces documents n'expriment point son ressentiment. Cette princesse habile et dissimulée prit garde, semble-t-il, de ne rien dire qui pût mécontenter ceux qui avaient inutilement travaillé pour elle. Elle n'avait qu'un désir, celui d'humilier la France; elle espérait de nouveau lancer les Suisses contre elle. Elle le dit ouvertement à son père, en lui recommandant de les ménager pour une expédition nouvelle.

Celui-ci ne parlait, non plus, que de rentrer en Bourgogne à la tête d'une puissante armée. Il faisait écrire à sa fille de lui envoyer directement de l'argent à lui-même, en vue de recommencer la guerre. « Sans argent, lui disait-on, vous ne pouvez pas marcher. » Mais la Régente des Pays-Bas connaissait sa prodigalité quand il avait bourse pleine. Elle aimait mieux payer après. Elle attendit donc qu'il se fût remis en route.

Henri VIII, qui s'obstinait au siège de Tournay, ville alors française, n'avait pas les mêmes raisons de se taire. Il protesta vivement contre la conduite des Suisses. Fleurange a résumé les impressions des cours intéressées à ces événements, en les opposant les unes aux autres, d'une manière assez piquante : « Le roy Loys, dit-il, [fut] merveilleusement aise de l'événement dudit siège de Dijon.

Et s'il en estoit bien aise, l'empereur Maximilien et le roy d'Angleterre en estoient bien marris. Et Dieu scait comment ils parlèrent des Suisses, ils les appeloient traistres et villains, disant qu'il n'y avoit nulle fyance en leur foy. »

En novembre 1513, l'évêque de Gurk, Mathieu Lang, un des diplomates autrichiens de cette époque, fit rapidement passer à l'empereur une dépêche qui nous a été conservée ; il l'avertissait que Léon X se désintéressait assez des querelles des alliés avec la France ; au fond, le Pape avait résolu de se rapprocher de nous.

Voici le résumé de cette pièce diplomatique qui est aussi curieuse que peu connue :

Sa Sainteté, par ses attaches de famille, serait désireuse de se concerter avec l'empereur et le roi catholique, au sujet de leur commune défense et principalement de celle de l'Italie, mais les devoirs de sa charge et son inclination personnelle lui font souhaiter vivement que la paix se rétablisse entre les princes chrétiens. Aussi serait-elle prête à intervenir avec toute son autorité pour réaliser ce grand dessein et pour réunir ensuite toutes les forces de la Chrétienté contre les infidèles.

Et comme les deux guerres de leurs Majestés avec Venise et avec la France s'y opposent en ce moment, son intention serait de faire immédiatement cesser la première pour arriver plus facilement, cela fait, par de communs efforts, à terminer la seconde.

Pour Venise, il faudrait ou conclure une paix définitive ou faire une trêve plus ou moins longue. Léon X indique les conditions de l'une et de l'autre. Pour la France, il déclare nettement que ni son honneur ni sa conscience ne lui permettent de faire cause commune avec Leurs Majestés. Il n'a aucun motif d'agir de la sorte. Les Français demandent à rentrer dans le giron de l'Eglise. Sa Sainteté ne peut en aucune manière se dérober à cette prière[1].

---

1. Consulter pour cette pièce et la plupart des autres documents diplomatiques, l'ouvrage intitulé : *Lettres du roy Louis XII*, etc., Brusselle, M. DCC. XII, 4 vol. in-12. Voir la dépêche de Lang, t. IV, p. 205.

Quelle évolution de la part du Saint-Père et combien prompte !

Ainsi le revirement subit du pape, les regrets de nos ennemis, la joie des Dijonnais et celle du roi de France mettent bien en relief la grande importance du Traité de 1513 et le caractère victorieux de la Délivrance de Dijon. Notre-Dame de Bon-Espoir n'avait point travaillé en vain.

Mais voyons de plus près et dans un plus grand détail quelles furent les répercussions diplomatiques du Traité de Dijon dans les diverses chancelleries de ce temps.

II

Il vint à souhait, dans toute la force du terme, pour servir les idées de paix générale du Souverain Pontife.

L'empereur et les Vénitiens saisirent au vol les instructions que Mathieu Lang avait envoyées à Vienne. Cet ambassadeur reçut de la cour impériale une réponse favorable : dès le 23 novembre il remettait, au nom de Maximilien, à l'arbitrage du Pape, les différends de son auguste maître avec la République de Venise. Celle-ci, de son côté, eut hâte de donner mandat à Léon X de régler définitivement sa querelle. C'est ce que nous apprend, à la date du 26 novembre, une lettre de Jacques de Bannissis, un autre diplomate de l'Empire.

Cette dernière lettre indique même que le Pape était sur le point d'envoyer un nonce en France pour engager Louis XII à marcher dans la même voie. Or, cette voie, le Traité de Dijon l'avait déjà frayée.

Le premier article porte, en effet :

« Premièrement, que le roi très chrétien, je cite textuellement, se comportera vis-à-vis de notre Saint Père le Pape, de manière que, s'il tient villes, châteaux, pays ou sujets de l'Eglise, il fera toute diligence, sans aucun délai, pour les restituer ou remettre. »

Pourquoi commencer par le Pape? A cause de la Majesté pontificale, sans doute : A tout seigneur, tout honneur ! Mais il y a une raison plus profonde, et la voici : Nos gouvernants d'alors étaient en délicatesse avec Léon X, à peu près comme le sont avec Pie X nos gouvernants d'aujourd'hui. En 1513, les différends du pouvoir civil et du pouvoir religieux étaient anciens et nouveaux. C'est ce qui faisait dire encore au Pape, dans les Instructions données à Mathieu Lang, que l'on traiterait d'une manière plus expéditive avec Venise qu'avec la France; nos démêlés avec les alliés, avec le Saint-Siège surtout, étaient tout à fait compliqués. Commençons par les derniers conflits, ce sont ceux que vise ouvertement le premier article.

Elu pape, le 13 mars de cette même année 1913, Léon X avait trouvé l'Italie délivrée du joug français par les victoires des Suisses et des Vénitiens alors ligués contre nous. Louis XII ne pouvait se consoler de la perte du Milanais, qu'il considérait comme un héritage de famille et qu'il mettait, à son point de vue personnel, au-dessus de tous les autres duchés de son royaume. Le Pape paraissait suivre une politique opposée à celle du roi, quoiqu'il le fît d'une manière assez ondoyante. Louis XII profita de cette indécision du nouveau règne pontifical pour repasser précipitamment les Alpes et pour reprendre son cher duché. Nos troupes, alliées cette fois aux Vénitiens, marchèrent, dans cette nouvelle campagne, de succès en succès. La Lombardie releva presque partout le drapeau de la France. Plusieurs villes, entre autres, Parme et Plaisance, qui faisaient précédemment partie des Etats pontificaux, suivirent le sort commun et furent occupées par les Français.

Léon X les réclama aussitôt, c'était son devoir; il le fit avec une grande vigueur, y tenant par-dessus tout, disait-il, « autant qu'à sa tiare même ». C'est précisément au droit du Saint-Père sur ces villes que se rapporte l'article premier du Traité de Dijon. Le roi s'engagea, sans difficulté, à lui rendre les places et les terres qu'il lui avait prises, ainsi qu'à délivrer les prisonniers qu'il avait faits. Ce sacrifice, il est vrai, ne lui coûtait à cette heure pas cher. Car, au mois de septembre, les Suisses avaient déjà reconquis Parme et Plaisance et tout le duché de Milan, à l'exception du château de cette dernière place.

Le Pape, voyant ses réclamations à la France rester sans résultat, fit alors appel aux Ligues helvétiques. Une armée suisse descendit aussitôt en Italie. Elle attira les Français, commandés par Trivulce et La Trémoïlle, dans les marais de la Riotta, et elle les y défit complètement. C'est ainsi que les villes du Pape et le duché de Milan n'étaient plus entre nos mains au moment du Siège. Sous les murs de Dijon, les Suisses eurent le bon goût de ne point se prévaloir de leurs récentes victoires et d'assurer seulement le droit du Souverain Pontife sur les possessions qu'ils avaient reconquises à son profit. Je suis heureux de signaler ce procédé délicat de leurs aïeux devant les fils de la noble Helvétie qui sont venus s'associer à nos fêtes et qui se trouvent dans cette assemblée.

Telles étaient donc les nouvelles difficultés que tranchait le premier article du traité de Dijon; et telle est la voie vers la paix à faire avec le Pape, que cet article venait ouvrir. Mais les anciennes étaient infiniment plus complexes et d'une nature extrêmement délicate. Il fallut pour les résoudre une autre prise d'armes, qui fut aussi la conséquence de l'invasion de la Bourgogne et du refus de Louis XII d'exécuter certaines clauses du Traité de Dijon.

Remontons à soixante-quinze ans en arrière. Une convention que le Saint-Siège traita de schismatique, parce qu'elle limitait les droits de la souveraineté pontificale en ce qui concerne les églises de France, la trop fameuse Pragmatique-Sanction de Bourges, avait profondément altéré, dès 1438, les rapports de nos anciens rois avec la

Papauté. L'exposé des conflits qu'elle souleva demanderait de longs discours. Charles VII, Louis XI, Charles VIII, Louis XII furent en lutte presque continuelle avec les souverains pontifes qui régnèrent de leur temps. Ceux-ci condamnèrent tous cette convention maudite. Toutes nos histoires un peu développées racontent ces démêlés. Je ne les rappellerai ici que pour dire comment ils finirent.

Le Siège de Dijon levé, les Suisses remontèrent dans leurs montagnes, mais ils en redescendirent pour réclamer leurs quatre cent mille écus d'or, lorsque François Ier repassa les Alpes, en 1515, pour reprendre le Milanais. La victoire de Marignan le lui rendit. Par un de ses résultats aussi heureux qu'imprévus, elle dénoua toutes les difficultés qui divisaient Rome et la France.

Le pape et le roi réglèrent d'abord, à Viterbe, la situation politique. La paix, qu'ils désiraient sincèrement l'un et l'autre, fut définitivement conclue, le 15 octobre 1515, sur la base de concessions réciproques. Parme et Plaisance feraient retour au duché de Milan, que François Ier venait de reconquérir, et les deux souverains s'aboucheraient ensuite pour s'entendre au sujet des vieilles querelles religieuses, qui étaient devenues de plus en plus aiguës. Le Ve concile de Latran venait, en effet, de condamner solennellement la Pragmatique-Sanction.

La paix religieuse, encore plus désirée que la paix politique, se réalisa de la manière la plus heureuse, à Bologne, au mois de décembre suivant. D'un commun accord entre le Pape et le roi, la Pragmatique-Sanction fut abolie et remplacée par un nouvel ordre de choses, que l'histoire a nommé le Concordat de Léon X et de François Ier. Le Pape promulgua solennellement le Concordat, à Rome, le 18 août 1516, et le roi sut ensuite l'imposer au Parlement de Paris, que ses opinions gallicanes rendirent assez longtemps réfractaire. Malgré cette opposition, cette entente des deux pouvoirs, si longtemps attendue, se leva enfin sur l'Église de France comme un arc-en-ciel de paix. Nous lui devons la concorde des esprits et l'élévation des cœurs qui ont préparé le siècle de Bossuet et de saint Vicent de Paul, le siècle de l'éloquence religieuse et de la charité chrétienne.

Un regard superficiel ne voit trop souvent dans l'histoire que des faits plus ou moins déterminés par des volontés humaines. Un esprit attentif, surtout s'il est éclairé par la foi, sait y apercevoir une action d'en haut qui nous conduit à travers toutes les vicissitudes, même les plus dramatiques, vers une fin supérieure à nos desseins d'un jour ou à nos courtes prévisions d'avenir. C'est ce qui a fait dire à l'un de nos penseurs chrétiens cette parole lapidaire : « L'homme s'agite et Dieu le mène ». Et c'est aussi ce qui a dicté de beaux vers à l'un de nos poètes :

> Un souffle immense et fort domine la tempête,
> Un rayon du ciel plonge à travers cette nuit.
> Quand l'homme aux cris de mort mêle le cri des fêtes,
> Une secrète voix parle dans ce vain bruit.

Cette « secrète voix », n'est-il pas vrai, Mesdames et Messieurs, parle dans les crises historiques que nous avons rappelées ; elle se fait entendre aussi dans ces fêtes commémoratives. Et que nous dit-elle ? Ne nous montre-t-elle pas la fin supérieure que Dieu avait en vue, quand, à la prière de Notre-Dame de Bon-Espoir, il a délivré Dijon, et quand il a permis à la France de vaincre tous ses ennemis ? La Vierge libératrice pouvait-elle faire quelque chose à demi, quand il s'agissait de rétablir entre la France et l'Église une paix troublée depuis longtemps et des relations qui paraissaient définitivement rompues ?

Quel événement heureux pourra-t-il, sous un autre souffle divin, ramener encore une fois chez nous la paix religieuse et renouer entre le Saint-Siège et nous ces rapports diplomatiques qui ont été une fois de plus brisés. Je ne le sais pas, mais je souhaite que cet événement se produise. Je demande à Dieu qu'il vienne bientôt pour la bonne entente des deux pouvoirs, pour la prospérité de l'Eglise et pour la gloire de la France !

La dernière clause du Traité concerne encore le Pape, et elle est animée du même esprit. Jaloux, semble-t-il, de l'honneur que s'étaient fait les Ligues confédérées de défendre les droits du Saint-Père, en les revendiquant, dans le premier article, les Français ne voulurent point rester en arrière ni signer le contrat, sans dire qu'ils avaient à cœur, autant que leurs adversaires, les prérogatives du Souverain Pontife, et faire bien entendre qu'il étaient aussi bons catholiques que les fils de l'Helvétie.

Le second article concerne l'empereur d'Autriche. Après la majesté pontificale, c'est le tour de la majesté impériale. Le protocole la désigne par ces expressions mêmes, en la mettant à la place qui lui convient :

« En second lieu, Nous les Confédérés, nous nous réservons, dans le présent accord, les alliances et les traités d'union que nos Seigneurs et supérieurs ont avec la Majesté Romaine Impériale, et nous y tenons compris les Pays de la Haute-Bourgogne, appartenant à la Majesté Romaine Impériale et à la Maison d'Autriche et limitrophes de la France. »

Ce paragraphe demande beaucoup d'attention.

J'y vois d'abord le maintien des alliances helvétiques faites à l'encontre des intérêts français. Cela est bien clair, bien que sous-entendu. Les diplomates laissent quelquefois entendre, c'est leur art, des choses dures sous des paroles dorées. En d'autres termes, les Confédérés consentent à s'en aller, mais ils seraient prêts à revenir tous ensemble si nous n'accomplissions pas bien les conditions du Traité. Telle est la pensée qui se cache tout d'abord sous ces paroles pompeuses.

J'y trouve ensuite une réserve qui impliquait une question de droit féodal de la plus haute importance. C'est « la réserve de tous pays, comtés et seigneuries, villes et châteaux appartenant à la maison d'Autriche et limitrophes de la France ». Pour bien saisir le sens également caché de ces autres mots, il faut nous reporter aux lois féodales de ces temps lointains. Ces terres réservées étaient « pays mouvants de la couronne de France ». Cela n'a l'air de rien, Mesdames et Messieurs, mais prenez garde ; nous marchons ici sur des charbons ardents.

L'archiduc Charles, le petit-fils de Maximilien, celui qui devait être pour nous le terrible Charles-Quint, détenait alors ces terres, et il devait pour elles hommage au roi de France, en qualité de vassal, précisément comme détenteur de ces terres. La réserve insérée au Traité dispensait-elle le vassal de ses devoirs à l'égard de son suzerain ? Telle est la question capitale qui se posait ici. Et, pour mettre les choses au clair, cette réserve dispensait-elle le petit-fils de l'empereur de sa dépendance à l'égard de Louis XII au sujet de ces terres réservées ?

Celui-ci comprit le péril d'un pareil doute, et voilà pourquoi il réclama vivement ou la suppression de ce passage ou une explication officielle. Il chargea expressément ses ambassadeurs à Berne de faire trancher ces questions. Si l'archiduc, disait-il, venait à commettre un acte de félonie envers son suzerain, soit en lui faisant la guerre, soit en aidant ses ennemis, le roi, cette clause acceptée, se verrait privé de sa souveraineté et du droit de procéder contre lui. Au contraire, s'il usait, lui, roi de France, de représailles à l'égard de l'archiduc, qui se serait mis, d'aventure, en mauvais cas, ne dénoncerait-il pas lui-même le Traité de Dijon, et ne se remettrait-il point sur les bras toute la Confédération ?

Dilemne péremptoire ! Louis XII l'avait, sans doute, beaucoup médité, et non sans un malin plaisir. Il ne fut pas fâché de le lancer dans les chancelleries européennes pour viser non seulement l'avenir, mais aussi le passé. Car son raisonnement était, sous une forme indirecte, la condamnation formelle des agissements de Marguerite d'Autriche, la fille de l'empereur Maximilien et la tante de l'archiduc Charles. Cette princesse, en effet, n'avait pas craint de manquer à ses devoirs de vassale, pour l'Artois et la Comté, envers le roi de France, en prêtant, dans cette dernière guerre, son appui matériel et moral aux ennemis de notre pays. N'avait-elle pas excité contre nous les Anglais et les Suisses ? N'avait-elle pas fourni aux uns des transports de guerre, aux autres des soldats ? N'avait-elle pas envoyé à Dijon des troupes du Hainaut, qui s'étaient jointes au duc de Wurtemberg ? N'avait-elle pas laissé l'empereur charger le sire de Vergy, un Bourguignon du duché par son origine, de conduire contre la France la cavalerie comtoise, c'est-à-dire d'une province dont elle était la régente ?

La grande situation du sire de Vergy, qui gouvernait la Comté au nom de Marguerite, rendait également sa conduite fort répréhensible. Ne s'était-il pas engagé tour à tour dans des partis contraires, celui des ducs de Bourgogne et celui des rois de France, et tout spécialement dans celui de la duchesse Marie et celui de Louis XI ? Séparé de nous par une nouvelle et éclatante défection, sous Louis XII, il apparaît, en septembre 1513, comme pris à l'appât d'une pension de dix mille livres de rentes et d'un gage mensuel de deux cents écus d'or, que lui promet Maximilien pour l'armer contre nous. Il n'agit point, dans cette guerre, à titre privé, mais il agit comme gouverneur de la Comté. C'est en cette qualité que l'empereur fait appel à ses services et qu'il le charge d'enrôler les Comtois, malgré la neutralité qui s'imposait entre les deux provinces sœurs et à laquelle Maximilien avait souscrit lui-même, le 7 avril précédent.

En tout cas, la leçon que le roi donnait à la princesse était d'autant plus méritée que Marguerite avait écrit à Louis XII pour protester de ses intentions pacifiques. Elle avait, comme on voit, une étrange manière d'en donner la preuve !

Je dirai seulement du second alinéa de ce même article que, dans la forme, il traite avec honneur le duc de Wurtemberg et le sire de Vergy, mais qu'au fond il constate leur échec. Le premier, qui voulait rapporter à son maître les clefs de la capitale du duché, voit son ambition déçue. Le second, qui s'était promis l'honneur de gouverner les deux Bourgognes, voit son rêve évanoui.

Le duché reste donc à la France, comme un de ses remparts contre l'invasion étrangère et comme un de ses plus ardents foyers de patriotisme. Celui qui avait été l'organisateur de la défense, l'habile et brave seigneur de La Trémoïlle, devait tomber au champ d'honneur, en 1525, à la funeste bataille de Pavie, où François Ier fut fait prisonnier. On sait qu'à la suite de ce désastre, le roi céda la Bourgogne à Charles-Quint pour prix de sa rançon. Mais le duché n'accepta point une humiliation si dure. Ceux qui avaient vu La Trémoïlle à l'œuvre et qui s'étaient imprégnés de sa vaillance, les députés des États de Bourgogne, dont cette salle magnifique nous rappelle le nom et le beau geste, déclarèrent à l'assemblée de Cognac, l'année suivante, que malgré toutes les défaites et toutes les transactions, ils voulaient rester Français, qu'un roi n'avait pas le droit de céder une province même pour racheter sa liberté personnelle, et qu'au surplus, si on les livrait, ils sauraient se défendre tout seuls, en proclamant leur indépendance, pour ne pas devenir Allemands.

O ma Bourgogne bien-aimée, je ne puis nommer ici tous ceux de tes nobles fils qui suivirent un autre de tes gouverneurs, le grand Condé, sur de nouveaux champs de bataille ; j'en citerai du moins quelques-uns : les La Guiche, les Chabot, les Saulx-Tavannes, les Bussy, les Grancey, les Saint-Point de Saint-Jean-de-Losne, les Rochefort de Dijon, les Chastellux-Beauvoir, tous dignes d'une éternelle mémoire, ou parce qu'ils ont su vaincre comme La Trémoïlle, ou parce qu'ils ont su mourir comme lui !

III

Ni l'Espagne ni l'Angleterre ne figuraient au Traité, mais la détente politique qu'il amena dans toutes les chancelleries rendit au roi de France assez d'autorité pour améliorer rapidement ses relations avec chacune de ces puissances et pour arriver à conclure avec elles une véritable paix. C'est par des négociations matrimoniales que Louis XII put réaliser ces grandes vues.

Il avait promis sa fille aînée, Claude de France, au comte d'Angoulême, l'héritier présomptif de la couronne. Au moment du Traité de Dijon, Renée, la seconde, était encore bien jeune pour la marier ; elle n'avait pas quatre ans. Mais, dans ce temps-là, les pères étaient plus pressés qu'aujourd'hui. La petite princesse fut donc fiancée à l'archiduc Ferdinand, le second des petits-fils du roi d'Aragon, qui devint plus tard empereur d'Allemagne, puisqu'il remplaça son frère aîné, Charles-Quint. Le petit prince avait alors dix ans.

La dot de Renée fut assez belle. Elle reçut dans sa corbeille de fiançailles trois couronnes, celle du duché de Milan, celle du comté de Pavie et celle de la seigneurie de Gênes. Il est vrai qu'en les donnant Louis XII ne s'appauvrissait guère, car il ne possédait plus alors ni le duché, ni le comté, ni la seigneurie. Mais c'était pour lui un moyen d'affirmer son droit, et il se contentait d'ajouter « que le duché de Milan, le comté de Pavie et la seigneurie de Gênes se pourroient aisément recouvrer ».

La reine Anne, qui l'avait servi par sa diplomatie secrète, poussa plus loin les choses. Ses affidés travaillèrent non seulement à ce projet de mariage, mais encore à un appointement amical entre le roi de France et le roi d'Espagne. L'un d'eux lui rapporta cette parole du roi catholique « qu'il étoit content de venir à une bonne paix, amitié et alliance avec le roi très chrétien, pour vivre en paix le demeurant de leurs jours ». Les ouvertures qui suivirent furent agréées de part et d'autre. Louis XII, toujours généreux quand il donnait ce qu'il n'avait point, ajouta aux trois couronnes de la corbeille une autre couronne qui les aurait éclipsées si elle n'avait été aussi chimérique qu'elles, la couronne royale de Naples. « Il cédait, écrivait-il, tout son droit sur le royaulme de Naples au profit du roi catholique, pour en faire et disposer selon son bon plaisir », en attendant la majorité du futur époux. C'est le cas de dire avec le poète déjà cité :

Préparez, Castillans, des fêtes solennelles ;
Des murs de Saragosse aux champs d'Almanacid,
Mêlez à nos lauriers vos palmes fraternelles !
    Chantez Bayard ! Chantons le Cid !

Les mariages espagnols ont été souvent du goût de nos princes, et l'entente avec la nation chevaleresque par excellence se trouve encore aujourd'hui dans les vœux des deux peuples. Les Pyrénées, il est vrai, les séparent, en dépit des paroles de Louis XIV, mais nos aviateurs les franchissent aisément, et nos présidents de la République aussi, bien que d'une autre manière. Aujourd'hui, comme autrefois, les uns et les autres n'en rapportent que des impressions parfaites. Je m'y associe d'autant plus volontiers que le roi d'Espagne, si sympathique aux Français, descend de notre dernier duc, et je dis encore avec le même poète à la nation sœur :

Qu'au vieil Escurial le vieux Louvre réponde
    Que votre drapeau se confonde
    A nos drapeaux victorieux !

Revenons aux conséquences internationales de notre Traité.

Des carillons d'union nuptiale tintèrent aussi sur les

bords de la Tamise, et, cette fois, ce fut le roi lui-même qui convolait à de justes noces. La reine de France était morte à trente-sept ans, le 9 janvier 1514, Louis XII pensa d'abord la suivre au tombeau, tant il fut affligé de sa perte.

Mais Anne de Bretagne ne lui laissait que des filles. L'intérêt dynastique et le désir aussi de contracter une alliance utile à ses desseins, l'inclinèrent, quoique à contre-cœur, à un nouveau mariage. Il avait l'embarras du choix : l'infante Eléonore, la veuve du roi d'Ecosse, son ancien allié, et Marguerite d'Autriche elle-même. Il se décida pour Marie d'Angleterre, sœur de Henri VIII.

Les prétendantes et ceux qui les appuyaient, nous le savons par la correspondance diplomatique des cours, manœuvrèrent autant, je ne dis pas aussi bien, qu'ils le purent, dans cette poursuite de la couronne royale de France. Bien que le prétendu ne fût pas très jeune, il avait cinquante-et-un ans, il fut ardemment désiré. Il y eut même un échange curieux de fausses nouvelles, qui peint les mœurs de cette époque, et peut-être aussi celles de la nôtre. Ce fut à qui tromperait le plus sûrement les autres, tant que le roi parut incertain, et, quand la grande nouvelle transpira, ce fut à qui traverserait le mieux le projet de mariage. Marguerite d'Autriche envoya en Angleterre M. de Castres, un de ses agents secrets, pour détourner Henri VIII de ce projet, et elle lui donna sur ce point des instructions très détaillées. Henri VIII se crut obligé de lui adresser un long mémoire pour lui exposer les raisons qu'il avait eues de laisser faire ce mariage. Maximilien, son père, trouva naturellement que les excuses du roi d'Angleterre étaient frivoles. L'ébahissement de Mercurin de Gattinara est comique : il dépeint le désarroi où cette nouvelle jeta la cour d'Autriche. Le diplomate consola Marguerite en parlant de Louis XII comme d'un vieillard affaibli par l'âge et « bien débile pour avoir un fils. »

La jeune reine se rendit en France, au commencement d'octobre. Bien qu'elle fût jeune et belle, il était avéré de tous que le roi l'avait épousée « par contrainte, se sacrifiant pour acheter la paix et l'alliance du roi d'Angleterre, pour qu'il pût mourir paisible roi de France, sans la laisser en trouble. » La reine Marie fut précédée par un traité d'alliance entre les deux rois. Henri VIII devait fournir, en cas de guerre avec l'Italie, dix-huit mille archers qui se joindraient à l'armée d'invasion du Milanais et une flotte de cinq mille marins pour agir contre Gênes.

Inutiles calculs des hommes! trompeurs espoirs des mariages, illusions des longues fiançailles! Le mariage de Ferdinand et de Renée ne se fut point célébré. Louis XII oublia de faire entrer dans son jeu qu'il mourrait avant trois mois, sans avoir vu les archers anglais, sans avoir pu repasser les Alpes, et sans laisser de son tardif mariage autre chose qu'un sourire sur les lèvres de la postérité.

Le Traité de Dijon avait donc éclairci, de tous les côtés, l'horizon politique de la France ; mais le ciel s'était rembruni très vite du côté de la Suisse. Presque toutes les clauses sur lesquelles on s'était entendu furent remises en discussion : les unes par le roi, parce qu'il voulait négocier pour en adoucir la rigueur, les autres par les Suisses qui en réclamaient l'observation.

Au nombre de ces clauses il s'en trouvait de bien secondaires : l'obligation pour le roi de France de ne point enrôler de soldats dans les cantons sans l'assentiment des supérieurs helvétiques, art. 4 ; l'indemnité consentie au duc de Wurtemberg et au sire de Vergy, art. 6 ; les anciens comptes des volontaires qui s'étaient mis au service de la France, depuis nombre d'années, art. 7. Tout cela vraiment ne pouvait être l'objet d'un conflit. Louis XII d'ailleurs se montra bon prince.

Mais il y avait des affaires plus graves. L'une concernait la cession du Milanais aux Ligues confédérées, avec celle des villes d'Asti et de Crémone. C'était l'article 3, que le roi avait trouvé « merveilleusement étrange », et dont il fit grief à La Trémoïlle, tant qu'il ne se fut pas rendu compte de l'extrême danger qu'avait couru Dijon et du service immense dont il était redevable à son « amé et féal cousin », le gouverneur de la ville.

Cette question du Milanais se trouvait, à cette époque, comme de nos jours celle de l'Alsace, au fond de toutes les préoccupations politiques. Les Suisses ne la perdaient pas de vue; en dépit de leur protection puissante, la restauration de Maximilien Sforze semblait précaire : « Son trône, disait-on, le 13 décembre 1513, à la diète de Zurich, ne repose que sur la glace d'une nuit. »

De son côté, Louis XII ne prit jamais son parti de la perte de son cher duché. Ses contemporains l'en blamèrent. Fleurange, Jean Bouchet, Martin du Bellay l'ont dit sous des formes différentes. Voici comment s'exprime Fleurange : « Le seigneur roy ne voulut point tenir l'appointement tel qu'il avait été fait avec les Suisses. Dont mal en prist; car s'il eût voullu tenir ledit appointement, il ne fust pas mort tant de gens de bien, depuis qu'il est mort. » Allusion évidente aux sanglantes batailles de Marignan, en 1515, et de Pavie, en 1524. Et, c'est parce que Louis XII tenait pour non avenue la cession du duché qu'il en disposait, comme de son bien, dans la dot de sa fille Renée.

Une autre pierre d'achoppement était le payement des quatre cent mille écus d'or. Les cantons les attendirent avec impatience aux échéances fixées par l'article 5. Il ne vint pas un traître sou. Les diètes fulminèrent. On attaqua, je l'ai dit, les chefs de l'expédition. On serra les chaînes des otages. Plusieurs députations proposèrent de rentrer en Bourgogne et d'aller faire le sac de Dijon. Des bandes armées se mirent en marche, mais pour se disperser en route, faute de direction et de discipline. On poursuivit, on supplicia les partisans de la France. La diète de Zurich décréta la levée d'une armée de vingt mille hommes et voulut qu'elle fût prête à tout événement.

Louis XII essaya d'apaiser cette agitation. Il était parcimonieux; tranchons le mot, il était avare, non de son bien, mais de celui de son peuple. Et comme il fallait réclamer cette forte somme à ses sujets, n'ayant pas de quoi la solder lui-même, il tergiversa tout d'abord, puis il demanda, comme un vulgaire trafiquant, une diminution. Les Suisses rejetèrent ce marchandage. Il leur envoya, sur ces entrefaites, deux ambassadeurs extraordinaires, l'un et l'autre de Dijon, Humbert de Villeneuve, président au Parlement, et Jehan de Baissey, que nous connaissons. Les Suisses firent arrêter le président, contre le droit des gens, en territoire neutre, le conduisirent dans une des villes confédérées, à Berne, et le jetèrent en prison, contre les règles de toute justice.

Un des otages, Jehan de Rochefort, s'était alors échappé de ses fers; il en prirent cause pour maltraiter plus durement les autres et pour mettre à la torture le malheureux président. Leur triste sort émut les ambassadeurs des cours européennes et jusqu'aux agents de l'empereur, Simon de Rye et Anthoine de Saline. C'est par eux que nous connaissons cette barbarie. Ils écrivaient, au sujet des otages, à Marguerite d'Autriche : « Ils ne font que pleurer; nous avons entendu leurs cris ». Humbert de Villeneuve supporta deux fois les longues souffrances de la torture, sans qu'il lui échappât une seule parole imprudente. Ses bourreaux voulaient savoir quels étaient les noms de leurs concitoyens qu'ils supposaient pactiser avec la France. Ses dépositions sont annexées aux recès des diètes et lui font honneur.

Le Pape, en apprenant l'horrible conduite de ses anciens alliés, leur écrivit un bref pour les admonester sévèrement. Il leur reprocha cette conduite indigne d'une nation chrétienne. Il leur enjoignit de mettre en liberté l'ambassadeur et de faire la paix avec la France sans plus de délai. Après ces actes d'inhumanité, il ne leur restait plus qu'à envoyer les otages à l'échafaud. S'il faut en croire ce qui fut dit à cette époque, ils les auraient tous condamnés à mort. M. de Mézières devait être décapité comme noble, et les trois autres pendus comme roturiers. Heureusement, les amis de La Trémoïlle eurent le crédit de faire différer l'exécution. Ces infortunées victimes restèrent, toute une année, dans les cachots que l'on voyait alors au milieu des flots retentissants de la Limmat, lorsqu'elle sort du lac de Zurich. Ils étaient enchaînés comme de vrais criminels, les fers aux mains et attachés à une tendue de bois par le milieu du corps. Ils purent enfin racheter leur liberté, moyennant une rançon que Louis XII paya. J'aurais baisé de bon cœur, à Zurich, les chaînes qui les ont liés. Mais elles ont disparu ; je n'ai pas même retrouvé leur prison ; la Limmat a tout emporté, l'île même où la geôle était bâtie.

Arrivé à Berne, l'autre ambassadeur, Jehan de Baissey, offrit le versement intégral des quatre cent mille écus d'or, puis trois cent mille autres pour racheter Milan, Crémone et Asti. Les Suisses exigèrent l'argent et les provinces. Ils déclarèrent hautement qu'ils ne voulaient point négocier sur de nouvelles bases et qu'ils ne connaissaient d'autres conditions de paix que celles du Traité de Dijon. La rançon des otages, les avances du Pape, les démarches de Louis XII, tout fut inutile.

Ce prince étant mort assez inopinément, François Ier, son successeur, essaya de les décider en leur offrant, dès le lendemain de son avènement, pour régler cette affaire, un million d'écus d'or, s'ils voulaient lui céder le Milanais. Ils firent encore la sourde oreille. Le nouveau roi franchit alors les Alpes et les Suisses marchèrent contre lui. Quand les armées furent en présence, François Ier leur renouvela ses propositions, et, cette fois, ils les acceptèrent. La paix avec les Suisses fut conclue et signée à Galéra, le 8 septembre 1515. Paix d'un jour, hélas! et qui devait être suivie d'un terrible lendemain!

Les Français, sans défiance, se reposaient dans la plaine herbue de Marignan, lorsque les confédérés les attaquèrent à l'improviste. Pieux mépartistes de Dijon, que n'étiez-vous là pour recommencer votre procession entre les combattants. Notre-Dame de Bon-Espoir, qui hait la mort et qui sépare les bataillons, vous eût peut-être encore écoutés! Mais peut-être aussi fallait-il que les Suisses, chargés de tant de forfaits, payassent leur dette à la justice de Dieu!

Nos ennemis furent complètement défaits, après une bataille acharnée qui dura deux jours. Nos soldats vengèrent glorieusement leurs défaites passées et l'invasion de la Bourgogne. Ils eurent, d'ailleurs, des adversaires dignes d'eux. Trivulce, qui avait assisté à dix-huit batailles rangées, disait que les autres n'étaient que des jeux d'enfants et celle-ci une bataille de géants.

Après une victoire si glorieuse, Milan ouvrit ses portes et tout le duché se trouva reconquis.

Cette fois, ce fut la paix entre la France et la Suisse, une paix définitive, avec le solde des quatre cent mille écus d'or, mais la paix perpétuelle ; elle ne fut signée pourtant qu'après la solution de nouvelles difficultés, l'année suivante, à Fribourg. L'histoire a ratifié le beau nom de paix perpétuelle que lui donna le protocole. Elle avait été criée, sous ce titre, dans les rues de Dijon, le 13 septembre 1513. Il fallut attendre trois ans pour la faire entrer dans le domaine des faits. Elle dura jusqu'au temps de la Révolution française.

La Délivrance de Dijon fit ainsi rayonner une paix victorieuse sur toutes nos frontières. Notre-Dame de Bon-Espoir, en éloignant les Suisses de Dijon, apaisa toutes les discordes dont ils étaient les protagonistes : celles qui divisaient la France et le Saint-Siège et celles qui avaient armé contre nous non seulement les divers Etats de l'Italie, mais l'empire d'Autriche, l'Angleterre et l'Espagne.

Elle a donc pleinement mérité le nom de Notre-Dame de la Paix que lui donnent aussi nos documents.

Mesdames et Messieurs, puisque j'ai dû prendre la parole dans cette brillante assemblée, qu'il me soit permis de finir par l'expression d'une vive et profonde reconnaissance. Notre but, en annonçant ces conférences historiques, était de réunir, sous la religieuse bannière que nous avions arborée, les esprits cultivés et les intelligences ouvertes aux grandes leçons de l'histoire. Notre espérance a été merveilleusement réalisée. Vous êtes venus en très grand nombre ; vous nous avez apporté une attention, une sympathie, je dirai le vrai mot, un enthousiasme qui nous ont grandement aidés dans nos discours et qui en ont été la récompense.

J'aime à rendre un spécial hommage à la bienveillance de M. le Maire, qui a mis gracieusement à notre disposition cette salle splendide du Palais des Etats. Nos présidents et nos orateurs ont pu y parler, grâce à lui, au milieu des armoiries de nos villes bourguignonnes, et sous les regards des grandes figures qui sont l'honneur de notre province et qu'y représente un ample et vivant tableau.

Nos conférenciers ont développé tous leurs discours avec une documentation surprenante. Il ont jeté de nouveaux rayons de lumière sur des faits peu connus jusqu'ici et dont ils se sont tous plu à montrer la haute importance. Ils ont parlé, les uns et les autres, avec cet esprit français, ce charme de style et cette distinction de pensées que vous leur connaissiez bien. Aussi les avez-vous applaudis avec un vrai bonheur.

Leurs études éloquentes auront à Dijon un long retentissement. Chacun de ceux qui les ont entendues voudra les relire. Le prochain Centenaire, celui de 2013, et ceux qui suivront, les rechercheront encore, pour y puiser de grandes et nobles inspirations. Ils ont élevé un monument plus durable que l'airain à la gloire de Notre-Dame de Bon-Espoir, *Monumentum œre perennius*, comme Horace a pu justement le dire de ses odes immortelles.

Ceux qui n'ont pu entendre tous ces beaux discours et qui les liront s'intéresseront sûrement à ces événements de notre histoire qui ont été si admirablement racontés ; et, comme nous, ils en seront reconnaissants à nos orateurs. Ils y apprendront, non seulement, à bien connaître un des faits les plus considérables de notre passé historique, mais encore et surtout, à vénérer et à aimer de plus en plus notre céleste Libératrice.

M. le président prononce la clôture des Conférences :

Avant de lever la séance, je renouvelle nos remerciements à tous les orateurs et spécialement à M. le chanoine Thomas, curé de Notre-Dame, l'excellent organisateur des fêtes de cette semaine et le brillant conférencier d'aujourd'hui.

Rendons tous hommage à nos vaillants ancêtres et unissons-nous pour la défense de la Patrie et de la Foi de nos pères.

Vive la France !
Vive Dijon !

TABLE DES MATIÈRES

PREMIÈRE CONFÉRENCE

Louis de la Trémoïlle, le défenseur de Dijon en 1513, par M. Roy 1

DEUXIÈME CONFÉRENCE

La Délivrance de Dijon et l'Unité de la France, par M. Lafon 21

TROISIÈME CONFÉRENCE

Dijon Artistique au moment du Siège, par M. Huguenin 43

QUATRIÈME CONFÉRENCE

Les Causes de l'Invasion de 1513, par M. Poisot. 81

CINQUIÈME CONFÉRENCE

Les péripéties du Siège, par M. Langeron 103

SIXIÈME CONFÉRENCE

Les Conséquences internationales du Traité qui fit lever le Siège, par M. l'Abbé Thomas 143

IMP. MARCHAL, DE THOREY, SUCC', DIJON

ON TROUVE A LA SACRISTIE DE NOTRE-DAME ET CHEZ LES LIBRAIRES

Les Fêtes du IVᵉ Centenaire, *célébrées à Notre-Dame et au Palais des Etats de Bourgogne en 1913*, avec une héliogravure de Notre-Dame de Bon-Espoir, Prix : 1 fr.

Tant L Vault, *Légendes Bourguignonnes*, 3 Actes, Prologue, Epilogue, 1913, Prix : 2 fr. ; — Simili japon, 5 fr.

Programme des Représentations de Tant L Vault, personnages, Prix : o fr. 10.

Le même, analyse et paroles chantées, Prix : o fr. 25.

La Délivrance de Dijon en 1513, Ouvrage couronné par l'Académie de Dijon et la Commission des antiquités, 1898, Prix : 10 fr. ; — Simili japon, 15 fr.

Le Concordat de 1516, Ouvrage récompensé sur le prix du budget par l'Académie des sciences morales et politiques. 1910, 3 vol. à 7 fr. 50 l'un.

Souvenir des Fêtes du IVᵉ Centenaire de la Délivrance de la ville et de la province, Magnifique héliogravure, Prix : 1 fr.

La Tapisserie du Musée de Dijon représentant la ville assiégée par les Suisses, la procession de 1513 et la livraison des otages, Prix : 1 fr. 50.

Images de Notre-Dame de Bon-Espoir, à o fr. 20 l'une ; en nombre 7 pour 6 ; 12 pour 10.

Photogravures de Notre-Dame de Bon-Espoir (de 25 sur 18 centim.), Prix : o fr. 50.

Explication de ces images, o fr. 10 et o fr. 15.

www.ingramcontent.com/pod-product-compliance
Lightning Source LLC
Chambersburg PA
CBHW070659100426
42735CB00039B/2329